Σ BEST
シグマベスト

政治・経済
の
必修整理ノート

文英堂編集部　編

文英堂

本書のねらい

1 見やすくわかりやすい整理の方法を提示

試験前に自分のとったノートをひろげ，何が書いてあるのかサッパリわからない——という経験を持つ人も多いだろう。授業中には理解できているつもりでも，それを要領よくまとめるのは，結構むずかしい。そこで本書では，「政治・経済」の全内容について最も適切な整理の方法を示し，それによって内容を系統的に理解できるようにした。

2 書き込み・反復で重要語句を完全にマスター

重要語句でチェック

学習上の重要語句を空欄で示してある。したがって，空欄に入れる語句や数字を考え，それを書き込むという作業を反復することで，これらの重要事項を完全にマスターすることができる。そして，テストによく出題される範囲には出るマークをつけている。

3 図表・グラフで，よりわかりやすく

図表でチェック

「政治・経済」の実力の違いは，図表問題の読み取りにあらわれる。定期テストやセンター試験によく出る図表やグラフに慣れておけば，得点に大きく差をつけることができる。

4 大学入試問題で応用力をつける

正誤判断でチェック

実際に出題された大学入試問題の中から，その単元の学習内容に合った選択肢を厳選している。「重要語句でチェック」「図表でチェック」で身につけた知識を定着させ，さらに応用力をつけることができる。

5 定期テスト対策もこれ1冊でOK！

定期テスト対策問題

章ごとに定期テストの模擬問題を用意している。大問は各単元に対応しているので，定期テストの範囲にあわせて解いてみよう。わからない問題があれば，もう一度単元にもどって復習するとよい。

本書は以上のねらいのもとに編集されている。みなさんが実際に自分の手で書き込み，テストに通用する本当の実力を身につけてほしい。

文英堂編集部

目 次

第1部 現代の政治

1章 民主政治の基本原理
1 政治と法 …………………………………… 6
2 民主政治の成立 …………………………… 8
3 基本的人権の確立 ………………………… 10
4 現代の民主政治 …………………………… 12
5 世界のおもな政治体制 …………………… 14
◎ 定期テスト対策問題 ……………………… 16

2章 日本国憲法の基本原理
6 日本国憲法の制定と基本原理 …………… 18
7 基本的人権の保障 ………………………… 20
8 平和主義 …………………………………… 22
◎ 定期テスト対策問題 ……………………… 24

3章 日本の政治機構
9 国会と立法 ………………………………… 26
10 内閣と行政 ………………………………… 28
11 裁判所と司法 ……………………………… 30
12 地方自治 …………………………………… 32
◎ 定期テスト対策問題 ……………………… 34

4章 現代日本の政治
13 戦後政治のあゆみ ………………………… 36
14 選挙制度と政党 …………………………… 38
15 世論と政治参加 …………………………… 40
◎ 定期テスト対策問題 ……………………… 42

5章 現代の国際政治
16 国際社会と国際法 ………………………… 44
17 国際連合と国際協力 ……………………… 46
18 国際政治の動向 …………………………… 48
19 核兵器と軍縮 ……………………………… 50
20 人種・民族問題 …………………………… 52
21 国際政治と日本 …………………………… 54
◎ 定期テスト対策問題 ……………………… 56

第2部 現代の経済

6章 経済社会の変容
- 22 資本主義経済の成立と発展 …… 58
- 23 現代の資本主義経済 …… 60
- ◎ 定期テスト対策問題 …… 62

7章 現代経済のしくみ
- 24 経済主体と経済循環 …… 64
- 25 生産のしくみと企業 …… 66
- 26 市場経済の機能と限界 …… 68
- 27 国民所得と経済成長 …… 70
- 28 金融のしくみ …… 72
- 29 財政のしくみ …… 74
- ◎ 定期テスト対策問題 …… 76

8章 日本経済のあゆみ
- 30 経済復興から高度成長へ …… 78
- 31 オイル・ショック後の日本経済 …… 80
- 32 日本経済の現状 …… 82
- ◎ 定期テスト対策問題 …… 84

9章 日本経済の課題
- 33 公害と環境保全 …… 86
- 34 消費者問題 …… 88
- 35 農業・食料問題 …… 90
- 36 中小企業 …… 92
- 37 雇用と労働問題 …… 94
- 38 社会保障と国民福祉 …… 96
- ◎ 定期テスト対策問題 …… 98

10章 国際経済と日本
- 39 貿易と国際収支 …… 100
- 40 国際経済体制の変化 …… 102
- 41 グローバル化する世界経済 …… 104
- 42 地域的経済統合 …… 106
- 43 新興国の台頭と経済協力 …… 108
- ◎ 定期テスト対策問題 …… 110

◉ 別冊 解答集

1章 民主政治の基本原理

1 政治と法

解答 別冊 p.3

※=さらにくわしい説明，◆=解答を導くためのヒント

❗ 重要語句でチェック

1 民主政治の成立

①**政治と権力** 社会全体の運営に関する意思決定を行う活動を [❶　　　　] といい，その決定を行うための権力を [❷　　　　]◆1 という。

②**国家の三要素** 主権国家は領土・領空・領海※1からなる [❸　　　　] とそこに住む [❹　　　　]，これらに対する統治権である [❺　　　　] をもつ。

③**20世紀以降の政治** 西側陣営では福祉国家※2がゆきづまり，東側陣営では多くの社会主義国家が崩壊した。モノ・金が国境を越えて容易に移動する [❻　　　　化] が進行し，EUのような地域的経済統合も広がる。

2 法の支配　　　　　　　　　　　　　　　　　　　　　　　出る

①**法の区分**※3 政府などが法を制定する前から人間の社会において自然に存在する [❼　　　　] と，政府などが一定の手続きによって制定した [❽　　　　] に分けられる。

②**国内法の区分** 国家のしくみ，国家と個人の関係を定める [❾　　　　] と，個人や法人相互の関係などを定める [❿　　　　] がある。

③**近代法の原則** [⓫　　　　]◆2 の禁止（立法の時点よりさかのぼって法を適用してはならない），所有権絶対の原則，私的自治（契約自由）の原則など，人権を守るためのさまざまな原則が設けられている。

④**中世イギリスの法観念** 13世紀の [⓬　　　　]◆3（大憲章）では，支配者であっても法に従わなければならないとする [⓭　　　　]◆4 が宣言された。エドワード・コークらは [⓮　　　　]◆5（慣習法）の優位を唱えた。

⑤**近代ドイツの法観念** 法の内容にかかわらず，一定の形式を備えた法であれば，政治は法に従うべきだとする [⓯　　　　] を掲げた。

⑥**近代憲法の基礎** 憲法は権力を抑制するために制定されるべきものだとする [⓰　　　　] の考え方は，法の支配，基本的人権，権力分立などと並ぶ，民主政治の基本原理とされている。

※1 **領海** 1982年に採択された国連海洋法条約によって，基線（低潮線）から12海里以内の範囲と定められた。

※2 **福祉国家** 社会保障政策や完全雇用政策などによって，社会的弱者の生存を保障しようとする国家のこと。近代の国家は，平和秩序の維持のみを担う夜警国家から，福祉国家へと変化していった。

※3 **法** 国家や個人がこれに反すれば，刑罰や制裁を科せられたり，賠償を命じられたりする。これを「法の強制力」という。

◆1 マックス・ウェーバーは，この権力による支配の正当性を3つに分類した。
①**合法的支配**（支配が法にかなっていること）
②**伝統的支配**（伝統や慣習に基づいていること）
③**カリスマ的支配**（支配者の特別な資質に基づいていること）

◆2 **日本国憲法第39条**
何人も，実行の時に適法であった行為又は既に無罪とされた行為については，刑事上の責任を問われない。又，同一の犯罪について，重ねて刑事上の責任を問はれない。

◆3 貴族の権利を国王に認めさせた。

◆4 「人の支配」に対立する概念である。

◆5 中世以来の慣習法のこと。13世紀の法律家ブラクトンの言葉に基づく。

Point
▶主権国家の三要素…領域，国民，主権。
▶法の支配…マグナ・カルタ，コモン・ローの伝統。

1章　民主政治の基本原理　7

図表でチェック

主権のおよぶ範囲

❶ ……領土と領海の上空(大気圏内)。宇宙空間は自由な国際的空間とされる。

❷ ……領海の外の基線から200海里までの水域。この範囲の水産資源や鉱産資源の権利は，沿岸国に認められている。

❸ ……❷の外側の水域。❸自由の原則が適用される。

法の分類

❹ ……慣習に基づいて成立する法。商慣習法，国際慣習法など

❺ ……国会や地方議会で制定された法律や条例

❻ ……国家間の関係を規律する法律

公法：日本国憲法，刑法，民事訴訟法，刑事訴訟法，内閣法，地方自治法など

私法：民法，商法，会社法など

❼ ……公共的利益を優先する立場から制定される：労働基準法，労働組合法，生活保護法，独占禁止法，農業基本法など

❽ ……国家間の文書による合意：国際連合憲章，日米安全保障条約など

支配の形態

	権力の主体	権力行使の形態
❾ の支配	権力者	権力者の意思に基づく決定・執行
❿ の支配	社会を構成する人々	同意や約束に基づく決定・執行

✕ 正誤判断でチェック

内容の合っているものには○，誤っているものには×をつけよう。

① 領土と領海上空の5000kmまでが領空であり，宇宙には領有権がおよばない。(学習院大) [　]

② 国際法には，条約などの成文国際法と，慣習国際法(国際慣習法)とがある。(センター本試) [　]

③ ボーダンは，人間が自然状態から脱し平和を創り出すために，契約により国際機構をつくるべきであるとした。(センター本試) [　]

④ コークは，コモン・ローの伝統を重視し，国王といえども法に従わなくてはならないと主張した。(センター本試) [　]

⑤ 議会の委任によって，ある思想や行動が合法か違法かを法務大臣が判断できるようにすることは，法の支配の実現をはかる手法として有効である。(センター本試) [　]

2 民主政治の成立

解答 別冊 p.3

❋=さらにくわしい説明，◆=解答を導くためのヒント

!重要語句でチェック

1 民主政治の理念

①**民主政治の成立** 中世のヨーロッパでは，国王の権力は神に由来するという[❶   ]に基づき，一人の君主が権力を掌握する絶対王政が成立。近代に入り，市民階級が中心となって[❷   ]をおこして絶対王政を倒し，民主政治へと転換した。

②**社会契約説**❋1 人間は生まれながらに権利をもつという[❸   ]◆1をもとにした社会契約説が，欧米における革命を支えた。

③**ホッブズ**❋2 『リバイアサン』のなかで，自然状態の人は自らの自然権を主張し争い合う，「万人の万人に対する[❹   状態]」と表現した。

④**ロック**❋3 『統治二論』で❶を批判，人民がもつ❸を政府が侵害した場合，人民は[❺   権](革命権)をもつとした。

⑤**ルソー**❋4 『社会契約論』で，公共の利益の実現をめざす[❻   ]◆2(共通意思)に基づいて，真の自由・平等が実現されると説いた。

2 民主政治の実現

①**国民主権の成立** ピューリタン(清教徒)革命や名誉革命(イギリス)，アメリカ独立戦争，フランス革命を経て，[❼   ]が人民にあるとする人民主権(国民主権)の原理が確立した。また，人民は最高法規である憲法を制定する[❽   権力]をもつとされた。

②**民主主義の種類** [❾   の原理]に基づき，全国民の代表で構成された議会における公開の討論を通じて政治方針を決める原理(審議の原理)，議会制民主主義(代表民主主義，間接民主主義)がイギリスで最初に成立した。これに対して，ルソーは人民投票などによる[❿   主義]を主張した。

③**民主政治の決定** 多数の意見に従うという[⓫   原理]◆3。

④**権力分立** 国家権力の強大化を防ぐため，政府を構成する権力が互いに抑制・均衡し合う(チェック・アンド・バランス)。ロックは，立法権と執行権，同盟権に分け，立法権を優位に立たせることを主張した。

⑤**三権分立** モンテスキューは，著書『[⓬   ]』◆4で，立法・行政・[⓭   ]を異なる機関に担わせる三権分立を主張した。

❋1 **社会契約説** 生まれながらに自由などの権利をもつ人間が，国家の樹立のために互いに結ぶ契約を，社会契約とよぶ。

❋2 **ホッブズ** イギリスの哲学者。国家を，旧約聖書に登場する怪物リバイアサンにたとえた。

❋3 **ロック** イギリスの哲学者。名誉革命を正当化し，アメリカ独立戦争に影響をあたえた。

❋4 **ルソー** フランスの思想家。主権は直接民主制に基づいて行使されるとした。フランス革命に影響をあたえた。

・・・

◆1 国家や法律の成立に先立って，本来人間に備わっている権利のこと。

◆2 ルソーは，主権はこれに基づいて行使され(人民主権)，分割・譲渡することはできず，人々は自ら定めた法に従うほかないとした。

◆3 フランスの政治学者トックビルやイギリスの哲学者J.S.ミルは，これによって少数者の権利がふみにじられることを「多数者の専制」とよんで，警戒を促した。

◆4 モンテスキューの三権分立

同じ人が立法権と行政権を一身に集める場合，自由は存在しない。裁判権が立法権および行政権から離れていない場合にも自由は存在しない。もし，同じ人がこれら三つの権力を行使するならば，すべては失われてしまうだろう。

Point

▶社会契約説…ホッブズ，ロック，ルソー
▶民主政治の原理…国民主権，権力分立

図表でチェック

社会契約説

人物	国	著書	主張
❶ (1588〜1679)	イギリス	『リバイアサン』	自然状態における自由は互いに衝突し、「万人の万人に対する闘争状態」が生じる。
❷ (1632〜1704)	イギリス	『統治二論』	自然権を保持するための抵抗権を理論化。→1688年におこった❸_____を正当化した。
❹ (1712〜78)	フランス	『社会契約論』	自由・平等を保つため、社会全体の利益をめざす全人民の一般意思による統治を唱える。

権力分立のしくみ

正誤判断でチェック

内容の合っているものには○，誤っているものには×をつけよう。

① 16〜18世紀のヨーロッパでは，国王の権力は神から授けられたものであるという王権神授説に基づく絶対王政がしかれていた。(オリジナル)　[　]

② ロックは『統治二論』で「人間は自然状態の下で生命・自由・財産などに対する固有の権利をもっており，それを守るために社会契約を結んで国家や政府を組織する」と述べた。(オリジナル)　[　]

③ ホッブズによれば，各人は自らの生命と安全を確保するために，主権者に自然権を譲渡することなく国家の運営に参加する必要がある。(センター本試)　[　]

④ ルソーは，「人々は生命・自由・財産を所有するという自然権を守るために，契約によって政府をつくるべきである」と主張した。(法政大)　[　]

⑤ バージニア権利章典は，国王の専制に対して貴族の伝統的な自由を擁護する宣言であり，法に基づかない逮捕・監禁の禁止を要求している。(センター本試)　[　]

⑥ フランス革命において，国民議会で採択されたフランス人権宣言第16条では，「権利の保障が確保されず，権力の分立が規定されないすべての社会は，憲法をもつものではない」と規定している。(明治大)　[　]

3 基本的人権の確立

解答 別冊 p.3

❋=さらにくわしい説明，◆=解答を導くためのヒント

❗ 重要語句でチェック

1 基本的人権

①**人権の保障** 近代の市民革命のなか，イギリスでは，[❶   ]◆1（1628年），権利章典(1689年)が出された。アメリカでは，バージニア権利章典(1776年)や[❷   ](1776年)が出され，フランスでは，[❸   ]◆2(1789年)が出された。これらにより，生命・信条・財産などを確保する[❹   ]権が保障された。

②**国民主権❋1の原理** 18世紀の人権宣言以降，国民主権がうたわれるようになった。イギリスの場合も，17世紀以降，「[❺   ]は君臨すれども統治せず」の慣習が定着し，国民主権が実質的に行われた。

2 人権の歴史的発展

①**資本主義経済の進展** [❹]を保障することによって資本主義経済が発展し，[❻   ]◆3は自由放任(レッセ・フェール)を主張した。その反面，工業化による公害問題，労働問題などの社会問題が発生。ラッサール❋2は，自由主義国家は，必要最小限の公共事業と私有財産の保護を役割とする[❼   国家]にすぎないと批評した。

②**参政権** 19世紀前半のイギリスのチャーティスト運動を経て，後にすべての成人に選挙権を認める[❽   制]が実現した。

③**社会的弱者の救済** 1917年のロシア革命の影響を受けて，社会的弱者の生活を保障する[❾   権]◆4が主張された。1919年にドイツで制定された[❿   ]◆5は，男女平等の普通選挙とともに[❾]を保障し，社会的平等の実現を目的とする[⓫   国家]が出現した。

④**人権の国際化** 1948年，国際連合は[⓬   ]を採択し，達成すべき人権保障水準を各国に示した。この具体化のために，1966年，A規約❋3とB規約❋4，選択議定書❋5からなる[⓭   ]を採択した。

⑤**国際連合における人権保障** 人種・民族などの違いによる差別をなくすための[⓮   条約](1965年)，政治・社会的活動における女性差別をなくすための[⓯   条約](1979年)，満18歳未満の子どもの生きる権利，意見表明の権利などを守るための[⓰   条約]◆6(1989年)などがある。

❋1 **国民主権** 人民に政治の決定権があるという思想は，アメリカ大統領リンカンの「人民の人民による人民のための政治」という言葉にも表れている。

❋2 **ラッサール** 19世紀のドイツの社会主義者。

❋3 **A規約** 社会権規約といわれる。「経済的，社会的及び文化的権利に関する国際規約」。

❋4 **B規約** 自由権規約といわれる。「市民的及び政治的権利に関する国際規約」。

❋5 **選択議定書** 日本は，1979年にA規約とB規約を批准したが，選択議定書についてはまだ批准していない。

◆ ◆ ◆

◆1 不法な逮捕，議会の同意のない課税などを行わないよう，イギリス議会が国王に請願した。

◆2 第1条
> 人は，自由かつ権利において平等なものとして出生し，かつ生存する。

◆3 18世紀のイギリスの経済学者。国家の役割を治安維持など最小限の機能に限定し，経済活動には介入しない「消極国家」を主張。

◆4 生存権，教育を受ける権利，労働基本権などからなる。

◆5 ドイツ共和国憲法。1933年のナチスによる政権掌握により廃棄された。

◆6 第151条
> 経済生活の秩序は，すべての人に人間たるに値する生活を保障する目的をもつ正義の原則に適合しなければならない。

Point
▶人権保障の歴史…自由権から参政権，社会権へと拡大。
▶人権保障の国際化…世界人権宣言のほか，各種の条約を採択。

1章 民主政治の基本原理

 図表でチェック

人権保障の歴史

年	国	名称	内容
1215	イギリス	❶	貴族が王権を制限する
1628	イギリス	権利請願	議会が王権を制限する
1642	イギリス	ピューリタン(清教徒)革命	
1688	イギリス	❷　　　革命	
1689	イギリス	❸	人民の自由と権利を宣言する
1776	アメリカ	❹　　　権利章典，アメリカ独立宣言	
1787	アメリカ	アメリカ合衆国憲法	人民主権や三権分立を掲げる
1789	フランス	フランス人権宣言	
1791	フランス	フランス憲法	
1832	イギリス	第一次選挙法改正	❺　　　運動による
1863	アメリカ	奴隷解放宣言	❻　　　大統領による
1871	イギリス	❼　　　の合法化	
1919	❽	ワイマール憲法	社会権を保障する

国際連合による人権保障

年	内容
1948	集団殺害罪の防止及び処罰に関する条約
1949	人身売買及び他人の売春からの搾取の禁止に関する条約
1951	❾　　　の地位に関する条約
1953	❿　　　の参政権に関する条約
1966	経済的，社会的及び文化的権利に関する国際規約
	市民的及び政治的権利に関する国際規約
	市民的及び政治的権利に関する国際規約の⓫　　　議定書
2006	⓬　　　の権利条約

 正誤判断でチェック

内容の合っているものには○，誤っているものには×をつけよう。

① 1789年のフランス革命における人権宣言は，古典的な自由を宣言したものであり，日本国憲法の基本的人権に関する規定のもとになっている。(学習院大)　[　]

② アメリカ独立宣言では，「権利の保障が確保されず，権力の分立が規定されないすべての社会は，憲法をもつものでない。」と述べている。(センター本試)　[　]

③ 国際人権規約は西欧諸国の意向を反映し，社会権の規定を除外した文書である。(センター本試)　[　]

④ 人種差別問題に関して，国際的な人権保障の一環として，国際連合で人種差別撤廃条約が採択された。(センター本試)　[　]

4 現代の民主政治

解答 別冊 p.4

❋=さらにくわしい説明, ◆=解答を導くためのヒント

❗ 重要語句でチェック

1 民主政治の形態

①**民主政治の展開** 国民主権を実現する理想的な方法は，国民が政治に直接参加する [❶   ] 制であるが，人口が多いなどの理由でその実施は難しい。そこで，選挙によって代表者を選出して立法や行政にたずさわらせる [❷   ] 制（議会制民主主義）が採用されている。

②**民主主義の手法**[❋1] 多くの観点を考慮に入れ，調整を重視して合意形成をはかる [❸   ][◆1]（多極共存型民主主義）に対し，議会で多数を占める政党が強い力をもつ [❹   ] 主義[❋2] がある。

③**民主政治の特徴** 選挙によって多数を得た政党の党首が首班指名を受けて政府を組織する [❺   ] 政治。

④**選挙制度の変化** イギリスのチャーティスト運動[❋2]を経て，第一次世界大戦後には男子の普通選挙制度が実現。一部の財産がある者だけでなく，大衆が政治の主役となり，[❻   ] 主義[◆3] の時代を迎えた。

⑤**独裁政治の登場** 大衆の台頭を背景に，世界恐慌のころのドイツやイタリアで，[❼   ] とよばれる独裁政治が登場。国民の権利や自由を否定し，少数民族への弾圧が行われた。この反省から，複数の政党間の競争により民主政治を実現する [❽   ] 制[◆4] が重視された。

2 現代の民主政治

①**民主政治の改革** 近年は投票率の低下や無党派層の投票率の拡大により，日本の [❺] は混迷している。議院内閣制の国では，首相の権限強化，大統領制の国では大統領の下に内閣をおく制度などが試みられている。

②**民主政治を動かすもの** 政治上の問題に対して多くの人々がもっている意見を [❾   ][◆5] という。

③**大衆への迎合** 民衆全体の利益に安易に迎合して，物事を単純化し，少数者への抑圧などで問題を解決しようとする [❿   ][◆6] が，現在の民主主義の問題点となっている。

④**人民投票政治** 日本では強い指導者による迅速で毅然とした政治を求める風潮が強まってきている。近年は，地方公共団体の首長を政党の党首とする [⓫   ] が出現している。

❋1 **民主政治を分析する理論**
アメリカの政治学者ダールは，多くの集団が政治に参加し，自由に競争するポリアーキー（多元主義）を提唱した。

❋2 **チャーティスト運動**
1838年には，以下の6か条の人民憲章を発表した。
①成年男子普通選挙権
②無記名秘密投票
③議員の財産資格廃止
④議員への歳費支給
⑤平等選挙区
⑥議会の毎年召集

・・・

◆1 多様な言語・民族をもつスイスなどに代表される。

◆2 イギリスなどに代表される。

◆3 制限選挙において選挙権をもった人々は，教養と財産を備えた市民（公衆）であったが，普通選挙制により選挙権を得た大衆は，宣伝により扇動されやすいという一面をもつ。

◆4 1つの党が政権を担う一党制，2つの党が政権を担う二党制，それ以上の複数の党が政権を担う多党制に分類される。

◆5 その形成には，マスメディアが大きな役割を果たす。

◆6 2010年ごろのギリシャでは，財政危機がユーロの暴落をもたらすほど深刻化したが，国民の反対で緊縮財政へ踏みきれず，事態を悪化させていった。

Point
▶民主政治の手法…合意民主主義，多数者支配民主主義
▶民主政治の問題点…ファシズム，ポピュリズムなど

図表でチェック

国ごとの普通選挙制実施年

年（男子／女子）	国
1848 / 1944	フランス
1870 / 1920	アメリカ
1871 / 1919	ドイツ
1918 / 1928	❶
1925 / 1945	❷
1936 / 1936	旧ソ連
1848 / 1971	❸
1879 / 1893	ニュージーランド

❶　…19世紀にチャーティスト運動がおこった国

❷　…第二次世界大戦後の民主化で男女普通選挙制が成立した国

❸　…一部の州で直接民主制がとり入れられている国

独裁政治

国	党首	内容
❹	ムッソリーニ	ファシスト党の独裁。議会の権利をうばい、反対する勢力を暴力でおさえつけた。
❺	ヒトラー	ナチスが国民を厳しく統制して反対派を迫害し、再軍備を強行した。❻　人への弾圧を行った。
❼	スターリン	一国社会主義論を主張。5か年計画や農業集団化による社会主義国の建設を強引に進め、それに抵抗する人々を厳しく抑圧した。

複数政党制

制度	内容
❽	1つの政党が常に政権を担当するしくみ。
❾	2つの政党が対立し、交互に政権を担当し合うしくみ。
❿	3つ以上の政党が選挙で政権を争うしくみ。

正誤判断でチェック

内容の合っているものには○、誤っているものには×をつけよう。

① できるだけ多くの観点を考慮に入れ、調整を重視して合意形成をはかる方法を、多数者支配民主主義という。（オリジナル）　　　[　]

② イギリスでは保守党と労働党による二大政党制が定着しているため、連立政権が形成されたことはない。（センター本試）　　　[　]

③ 大衆運動は、国政選挙における特定の勢力の支援を目的としない場合でも、運動に参加した者の意見を国の政治に反映させる機能をもつ。（センター本試）　　　[　]

5 世界のおもな政治体制

解答 別冊 p.4

※＝さらにくわしい説明，◆＝解答を導くためのヒント

❗ 重要語句でチェック

1 イギリス・アメリカの政治制度

①**イギリスの政治制度** 議会の信任に基づいて内閣が生まれ，内閣は連帯して議会に対して責任を負う[❶　　　　　]◆¹制を採用している。

②**イギリスの議会** 上院(貴族院)と下院(庶民院)※¹。下院の多数党党首が首相となって[❷　　　　　]を組織。下院が[❷]不信任を決議すると，[❷]は総辞職するか，あるいは議会を[❸　　　　　]して国民の信を問う。

③**政党の種類** 議会の過半数を占める政党を[❹　　　　　]，政権につかず[❹]を批判・監視する役目の政党を[❺　　　　　]◆²という。イギリスは労働党と保守党による[❻　　　　　制]。どの政党も過半数の議席を獲得しない状況※²では，複数の政党による[❼　　　　　]◆³が組織される。

④**アメリカの政治制度** 国民によって選挙される議会と大統領※³が互いに抑制・均衡し合う[❽　　　　　]◆⁴制を採用。徹底した権力分立制。

⑤**大統領** 議会に対して責任を負わない。議会に政策を示す[❾　　　　　]を送ったり，議会が議決した法案に[❿　　　　　権]を発動したりする。

⑥**アメリカの議会** 上院※⁴と下院。法案再可決権をもっている。連邦裁判所には，[⓫　　　　　]◆⁵がある。これは，議会の立法に対して，違憲・合憲を判断する権利である。

2 社会主義体制と発展途上国の政治体制

①**社会主義体制**※⁵ 資本主義を否定し，[⓬　　　　　]の社会的所有をもとに，[⓭　　　　　]党に権力を集中させた民主的権力集中制※⁶を採用。

②**ソ連** 1980年代以降，民主化をめざす[⓮　　　　　]が進められたが，1991年にソ連は消滅した。

③**中国** [⓭]による一党独裁が続いており，一院制の全国人民代表大会(全人代)が最高権力機関とされ，権力分立は確立されていない。

④**発展途上国の政治体制** アジアや中南米では，経済成長をめざして民主主義を制限する[⓯　　　　　]◆⁶(権威主義体制)が行われてきた。

⑤**中東の政治体制** 王政を中心に，多様な政治体制がしかれている。[⓰　　　　　原理主義]が台頭し，武力衝突が続く。2010年以降はチュニジアやエジプトからリビアにかけて，民主化の動きが広がった。

※1 **下院の優越** 予算の議決などについて上院に優越している。また，閣僚も原則として，下院議員のなかから首相を指名する。

※2 この状況はハング・パーラメントとよばれ，2010年に下院で発生した。

※3 **アメリカ大統領選挙** 州ごとに選挙された大統領選挙人が大統領を選ぶ，間接選挙が行われている。

※4 **上院の権限** 大統領弾劾権をもつ。

※5 **社会主義体制** マルクス・レーニン主義，社会民主主義，民主社会主義などに分類される。

※6 **民主的権力集中制** 労働者の共通の利益を実現するため，権力を1つにまとめることが必要だという考えに基づく。

● ● ●

◆1 イギリスのほか，日本，ドイツ，イタリアなどで採用。

◆2 この政党は，次回の政権担当に備えて，「影の内閣(シャドー・キャビネット)」を組織する。

◆3 これに対して，1つの政党が内閣を組織する場合は，単独政権とよばれる。

◆4 フランス，ロシアなどでは，大統領と首相が並存する半大統領制を採用している。

◆5 イギリスの裁判所は，この権限をもっていない。

◆6 一党支配体制や軍事独裁政権がとられることが多い。大韓民国の朴正熙政権，フィリピンのマルコス政権，インドネシアのスハルト政権など。

Point
▶権力の分立…イギリスの議院内閣制，アメリカの大統領制
▶権力の集中…社会主義諸国の共産党一党独裁，発展途上国の開発独裁

1章 民主政治の基本原理

図表でチェック

イギリスの政治制度

アメリカの政治制度

社会主義の種類

主　義	内　容
❽　　　主義	革命により独裁政権を樹立する。
❾　　　主義	議会制民主主義の下で，漸進的に社会主義を実現する。
❿　　　主義	資本主義体制のなかで社会的改良をめざす。

おもな開発独裁

国	時　期	政　権
⓫	1963～79年	朴正煕政権
⓬	1965～86年	マルコス政権
⓭	1968～98年	スハルト政権

正誤判断でチェック

内容の合っているものには○，誤っているものには×をつけよう。

① イギリスでは，原則として下院の多数党の党首が首相となる。（センター本試）　　［　　］

② アメリカの連邦最高裁判所は，連邦議会に対して違憲審査権をもつが，大統領に対してはもたない。
（成蹊大）　　［　　］

③ 社会主義経済の下では，生産手段の社会的な所有による計画的な資源配分がめざされていた。
（センター本試）　　［　　］

④ 中国では日本と同様に二院制が採用され，両議院の議員が国民から直接選挙されている。（センター本試）
　　［　　］

⑤ インドネシアでは，スハルトの民主化政策の一環として，州の主権を基礎とする連邦国家体制が導入された。（センター本試）　　［　　］

1章 民主政治の基本原理 定期テスト対策問題

解答 別冊p.4〜5

1 〈政治と法〉 ▶▶▶わからないとき→p.6〜7

次の文を読み，あとの問いに答えなさい。〔(3)(4)各4点，他各3点　計29点〕

　1982年，国連　①　条約が採択され，海洋秩序が明文化された。これによると，領海は領土から12海里までに制限される一方，領土から200海里までの排他的　②　として，沿岸国の漁業および鉱物資源に関する支配権が認められた。日本は1996年にこの(a)条約を批准したが，島の領有権をめぐる国家間の争いは残されている。これらの領域に加え，　③　と主権をもつ国家を主権国家といい，(b)近代ヨーロッパで成立した。国家の(c)政治の目的は，この数世紀の間に，夜警国家から　④　国家へと変わってきた。

(1) ①〜④にあてはまる語句を，ア〜クから1つずつ選びなさい。
　ア　国民　　イ　法治　　ウ　海洋法　　エ　公海　　オ　福祉
　カ　資源　　キ　ワシントン　　ク　経済水域

(2) 下線部(a)について，次のア〜カに示した法の分類のうち，条約が属するものを3つ選びなさい。
　ア　実定法　　イ　自然法　　ウ　慣習法　　エ　制定法
　オ　国内法　　カ　国際法

(3) 下線部(b)について，近代ドイツで唱えられた，法の内容に関係なく一定の形式を備えた法であれば，政治は法に従うべきだとする主義を何というか。

(4) 下線部(c)について，政治権力による支配を合法的支配，伝統的支配，カリスマ的支配の3類型に分類したドイツの思想家はだれか。

2 〈民主政治の成立，基本的人権の確立〉 ▶▶▶わからないとき→p.8〜11

右の年表を見て，次の問いに答えなさい。〔各3点　計30点〕

(1) 年表中の①〜④に関する説明を，ア〜エから1つずつ選びなさい。
　ア　生命・自由・幸福の追求を，天賦の権利として宣言した。
　イ　社会権を初めて保障した。
　ウ　議会の権利を国王に認めさせた。
　エ　国民主権を宣言し，圧制への抵抗を自然権として主張した。

年	できごと
1642	ピューリタン革命◆
1689	権利章典◆…………①
1776	アメリカ独立宣言…②
1789	フランス人権宣言…③
1838	チャーティスト運動◆
1919	ワイマール憲法……④

(2) 年表中に◆で示したすべてのことがらに関連の深い国の名を書きなさい。また，その国で世界に先がけて成立した，全国民の代表で構成された議会における公開の討論を通じて政治方針を決める政治制度を何というか。

(3) 次のA〜Dのような主張をした人物名を書きなさい。
　A　主権は，公共の利益の実現をめざす一般意思に基づいて行使される。
　B　自然状態においては「万人の万人に対する闘争」がおこる。
　C　権力の濫用を防止するため，立法・行政・司法の三権分立が必要である。
　D　政府が自然権を侵害した場合，国民には抵抗権(革命権)が生じる。

1

(1)①　　　　　　
　②　　　　　　
　③　　　　　　
　④　　　　　　
(2)　　　　　　　
(3)　　　　　　　
(4)　　　　　　　

ヒント
(2)実定法は人為的に制定され，一定の社会・時代において効力をもつ。自然法は時代をこえて普遍性をもつ。
(3)行政権や司法権の行使は，議会が制定した法律に基づかなければならないとする考え。

2

(1)①　　　　　　
　②　　　　　　
　③　　　　　　
　④　　　　　　
(2)　　　　　　　
(3)A　　　　　　
　B　　　　　　
　C　　　　　　
　D　　　　　　

ヒント
(3)ホッブズ，ロック，ルソーなどは「自然状態」を想定した。

1章　民主政治の基本原理 | 17

　〈現代の民主政治〉　▶▶▶ わからないとき→p.12〜13

次の文を読み，あとの問いに答えなさい。〔(2)8点，(1)(3)各3点　計26点〕

　現代の(a)民主政治は，(b)政党政治を基礎としている。政党とは，政治上の理想や目的を共通にする人々が団結し，主義・主張の実現をめざして活動する団体のことである。政党の性格も，19世紀後半以降，　①　選挙制の実現にともない，変化した。それまでの財産と教養をもった少数の人々による政党から，多数の選挙民を組織する政党に発展し，　②　民主主義の時代を迎えた。

(1)　①・②にあてはまる語句を，ア〜エから1つずつ選びなさい。
　　ア　大衆　　イ　代表　　ウ　普通　　エ　制限
(2)　下線部(a)について，多数者支配民主主義に対して合意民主主義（多極共存型民主主義）はどのような特色をもつか。簡単に書きなさい。
(3)　下線部(b)について，各国の政党政治の形態に関する説明A〜Dのうち，正しいものには○を，誤っているものには×を書きなさい。
　A　55年体制において，自由民主党と日本社会党による二大政党制が続いた。
　B　イギリスでは第二次世界大戦後，労働党と保守党の二大政党が政権の座を争ってきたが，2010年，保守党と自由民主党との連立政権が誕生した。
　C　ロシアや中華人民共和国では，現在，一党制をとっており，共産党以外の政党は存在しない。
　D　フランスは現在，いくつかの政党が政権を争う多党制である。

③
(1)①＿＿＿＿
　　②＿＿＿＿
(2)＿＿＿＿＿
＿＿＿＿＿＿
＿＿＿＿＿＿
＿＿＿＿＿＿
(3)A＿＿＿＿
　　B＿＿＿＿
　　C＿＿＿＿
　　D＿＿＿＿

ヒント
(2)アメリカの政治学者アーレンド・レイプハルトの類型による。
(3)一党制は長期間にわたって政局が安定するが，独裁になることも多い。

　〈世界のおもな政治体制〉　▶▶▶ わからないとき→p.14〜15

次の文を読み，あとの問いに答えなさい。〔各3点　計15点〕

　世界の国々は，それぞれの歴史に基づいて独自の政治制度を発展させてきた。例えば，　①　制をとるイギリスでは，議会は上院と下院からなっている。国民は国会議員を選び，議会の全議席の過半数を占める政党または政党グループが内閣を組織し，行政に責任を負う。議会と内閣の間では，相互に抑制と均衡の関係が保たれるようになっている。
　アメリカでは　②　制をとっている。アメリカの行政府の長である大統領は，国民が大統領選挙人を選ぶ間接選挙によって選出される。大統領は議会に議席をもたないが，政策を記した　③　を議会に送る権限や，法案への署名を拒む　④　権をもっている。逆に，議会は大統領が締結した条約や高級官吏任命に対する同意権をもっている。

(1)　①〜④にあてはまる語句を，それぞれ書きなさい。
(2)　下線部のアメリカの政治制度に関する記述として最も適切なものを，ア〜エから1つ選びなさい。
　ア　アメリカ大統領は，議会解散権や法案提出権をもたない。
　イ　アメリカの下院議員は，各州から2名，計100名が選出され，任期は6年である。
　ウ　アメリカにおいて，連邦最高裁判所の裁判官は上院の同意を得て大統領が任命し，任期は10年である。
　エ　アメリカの連邦最高裁判所は，連邦議会に対して違憲法令審査権をもつが，大統領に対してはもたない。

④
(1)①＿＿＿＿
　　②＿＿＿＿
　　③＿＿＿＿
　　④＿＿＿＿
(2)＿＿＿＿＿

ヒント
(1)④ただし，上下両院の3分の2以上で再議決すれば，この権利は失効する。
(2)日本の内閣は，議会解散権や法案提出権をもっている。アメリカ大統領には議会への出席義務はなく，議員との兼職もできない。

第2章 日本国憲法の基本原理

6 日本国憲法の制定と基本原理

解答 別冊 p.5

※＝さらにくわしい説明，◆＝解答を導くためのヒント

❗ 重要語句でチェック

1 大日本帝国憲法（明治憲法）の制定

①**憲法の下の政治** 憲法はすべての法の基礎となる［❶　　　　］であり，政治権力に対してはその権力行使を制限し，憲法に基づく政治が行われる。この考え方を［❷　　　］◆¹という。

②**大日本帝国憲法** 君主権力の強い［❸　　　　憲法］の影響を受け，天皇が定める欽定憲法として，1889年に発布された。

③**天皇** ［❹　　　　］の総攬者※¹であり，陸海軍の統帥権は天皇大権※²とされた。帝国議会は天皇の立法権に協賛し，国務大臣は天皇を輔弼※³して行政権を行使する。

④**国民の権利** 「［❺　　　の権利］」として法律の範囲内で認められた（法律の留保）。

⑤**大正・昭和の政治** 政党内閣と政権交代が「［❻　　　の常道］」となる。1925年には，25歳以上の男子による普通選挙制が成立。

2 日本国憲法の制定 【出る】

①**戦後の憲法改正**※⁴ 太平洋戦争敗戦後，［❼　　　　］（GHQ）のマッカーサー3原則※⁵を受けて，憲法改正案を審議・修正。1946年11月3日に［❽　　　］◆²され，1947年5月3日から施行された。これは，国民自らが制定した民定憲法であった。

②**国民による政治** ［❾　　　主権］の原理を掲げる。

③**天皇** 日本国および日本国民統合の［❿　　　　］。国事行為のみを行う。

④**個人の尊重**※⁶ 自然権の原理をとり入れ，［⓫　　　　］を「侵すことのできない永久の権利」であるとした。生存権なども保障された。

⑤**戦争の放棄** 前文と第9条で徹底した［⓬　　　　］◆³を掲げ，戦争の放棄と戦力の不保持，［⓭　　　権］の否認を宣言した。

⑥**硬性憲法**※⁷ 憲法改正には，各議院の総議員の3分の2以上の賛成で国会が発議し，［⓮　　　　］で過半数の賛成を得なければならない。

Point
▶**大日本帝国憲法**…欽定憲法，天皇主権，臣民の権利
▶**日本国憲法**…民定憲法，国民主権，基本的人権の尊重，平和主義

※1 **総攬者** 立法・行政・司法権などの統治権を掌握し，統括する者。

※2 **天皇大権** 統帥権は内閣や議会の干渉を受けなかった。これを統帥権の独立とよぶ。

※3 **輔弼** 天皇の統治権をたすけること。

※4 **憲法改正** 日本の民主化と非軍国主義化を求めるポツダム宣言の受諾によって，憲法改正が至上命令となった。

※5 **マッカーサー3原則** 天皇は頭位の地位（象徴天皇制），戦争の放棄，封建的諸制度の廃止。

※6 **日本国憲法第13条**
> すべて国民は，個人として尊重される。生命，自由及び幸福追求に対する国民の権利については，公共の福祉に反しない限り，立法その他の国政の上で，最大の尊重を必要とする。

※7 **硬性憲法** 改正に際して，法律より厳しい規定がある。

・・・

◆1 **フランス人権宣言第16条**
> 権利の保障が確保されず，権力の分立が規定されないすべての社会は，憲法をもつものでない。

◆2 法令を広く世の中に知らせること。

◆3 大日本帝国憲法で定められていた国民の兵役の義務は廃止された。

図表でチェック

大日本帝国憲法における政治のしくみ

日本国憲法における天皇の国事行為

第7条	天皇は，内閣の ❼ と承認により，国民のために，左の国事に関する行為を行ふ。 ①憲法改正，法律，政令及び条約を公布すること。　②国会を ❽ すること。 ③ ❾ を解散すること。　④国会議員の総選挙の施行を公示すること。　⑤国務大臣及び法律の定めるその他の官吏の任免並びに全権委任状及び大使及び公使の信任状を認証すること。 ⑥大赦，特赦，減刑，刑の執行の免除及び復権を認証すること。　⑦栄典を授与すること。 ⑧批准書及び法律の定めるその他の外交文書を認証すること。 ⑨外国の大使及び公使を接受すること。　⑩儀式を行ふこと。

憲法改正の手続き

正誤判断でチェック

内容の合っているものには○，誤っているものには×をつけよう。

① 日本国憲法は，形式的には大日本帝国憲法を改正したものであり，どちらも主権者は国民であって，実質的にも大きな違いはない。(中部大)　　[　]

② GHQ（連合国軍総司令部）が提示したマッカーサー草案には，財閥の解体が盛りこまれた。(愛知学院大)　　[　]

③ 明治憲法は軍隊の保持や天皇が宣戦する権限を認めていたが，日本国憲法は戦力の不保持や戦争の放棄などの平和主義を掲げている。(センター本試)　　[　]

④ 日本国憲法は，憲法改正の条件として国民投票による過半数の賛成のみをあげており，国会による憲法改正の発議には条件を設けていない。(センター本試)　　[　]

7 基本的人権の保障

解答 別冊 p.5

✽=さらにくわしい説明，◆=解答を導くためのヒント

❗ 重要語句でチェック

1 基本的人権の一般原則
①**性格** 日本国憲法では，「侵すことのできない永久の権利」とされ，個人の尊重と幸福追求権が認められている。
②**制限** 国民は権利を濫用してはならず，[①　　　　◆1]のために利用するものとする。また，国民の義務として，子どもに普通教育を受けさせる義務，勤労の義務，[②　　　]の義務がある。

2 平等権
①**法の下の平等** すべての国民は法の下に平等であり，選挙権の平等，貴族制度の廃止，[❸教育の　　　]，男女の平等✽1などが保障される。

3 自由権
①**精神の自由** 思想・良心の自由，信教の自由，表現の自由，学問の自由などからなる。信教の自由は[④　　　✽2の原則]と一体の関係。
②**経済の自由** [⑤　　　]選択をする自由，居住・移転の自由，財産権の保障からなる。[①]による制限を受けることが多い。
③**身体の自由** 奴隷的拘束や[⑥　　　]からの自由。捜索・押収には裁判官の発する令状を必要とする。被疑者の権利✽3を守るため，不利益な供述を強いられない[⑦　　　権]の保障などが規定されている。

4 社会権
①**生存権**✽4 健康で文化的な[⑧　　　]の生活を営む権利。これに基づいて社会保障の向上がはかられている。
②**教育を受ける権利** これに基づいて義務教育の無償が定められている。
③**労働基本権** 勤労の権利や，労働三権([⑨　　　]・団体交渉権・団体行動権✽5)。これに基づいて労働基準法・[⑩　　　]・労働関係調整法の労働三法が定められている。

5 新しい人権
①**新しい人権** 良好な環境を享受する[⑪　　　◆3]，延命措置などについて，自らの意志で決定する自己決定権✽6，政府の情報の開示を求める[⑫　　　◆4]，私生活がみだりに公開されない[⑬　　　の権利✽5]などが主張されるようになった。

✽1 **男女の平等** 男女雇用機会均等法(1985年制定)，男女共同参画社会基本法(1999年制定)などの法整備が進められた。

✽2 **財産権** 近年は情報・デザインなどの知的財産権も大きな価値をもつようになってきた。

✽3 **被疑者の権利** 無罪推定，遡及処罰の禁止，一事不再理などの原則が定められている。

✽4 **生存権** 朝日訴訟，堀木訴訟などの判決を通して，国民の権利として定着していった。

✽5 **団体行動権** 争議権ともいう。公務員については，法律で否定されている。

✽6 **自己決定権** 医療現場において，患者本人の意思を尊重し，病気の告知や治療方針を患者へ伝えるインフォームドコンセントが行われるようになった。

・・・

◆1 土地の利用や建築の規制，職業選択の自由など，おもに経済の自由に対して規制がかけられている。

◆2 憲法第20条第3項
> 国及びその機関は，宗教教育その他いかなる宗教的活動もしてはならない。

◆3 1997年には環境影響評価法が制定された。

◆4 1999年には情報公開法が制定された。

◆5 2003年には個人情報保護法が制定された。

Point
▶基本的人権の一般原則…永久不可侵，個人の尊重，公共の福祉に資する
▶基本的人権の種類…平等権，自由権，社会権など

図表でチェック

日本の差別問題

❶　　　差別	全国水平社の結成(1922年)，同和対策事業特別措置法(1969年)
女性差別	男女雇用機会均等法(1985年)，❷　　　　　　基本法(1999年)
外国人差別・民族差別	指紋押捺強制の全廃(在日韓国・朝鮮人に対する) ❸　　　　文化振興法(1997年)
障がい者差別	障害者雇用促進法(1960年)，障害者基本法(1993年)

被疑者・被告人の人権

地　位	憲法の条項
被疑者	適正手続主義・罪刑法定主義(第31条)，❹　　　主義(第33・35条) 抑留・拘禁に対する保障(第34条)，拷問の禁止(第36条) 供述の不強要・自白の証拠能力(第38条)
被告人	❺　　　　を受ける権利(第32条)，刑事被告人の権利(第37条)

人権を確保するための権利

❻	選挙権(第15・44条)，公務員の選定・罷免の権利(第15条)
	❼　　　　　　の国民審査(第79条)
	地方公共団体の長・議員の選挙権(第93条)
	地方公共団体の❽　　　　の制定同意権(第95条)
	憲法改正の❾　　　(第96条)
❿	請願権(第16条)，損害賠償請求権(第17条)，刑事補償請求権(第40条)

正誤判断でチェック

内容の合っているものには○，誤っているものには×をつけよう。

① 義務教育においては，国民に，授業料を徴収しない教育の機会が保障されているだけでなく，教科書もまた無償で配布される。(センター本試)　[　]

② いわゆるアイヌ文化振興法は，アイヌ民族という民族を初めて法的に位置づけたものである。(東北学院大)　[　]

③ 学問の自由の保障は，学問研究の自由の保障のみを意味し，大学の自治の保障をふくんでいない。(センター本試)　[　]

④ 健康で文化的な最低限度の生活を営むことのできない者は，法律の根拠がなくても，直接憲法に基づいて国に生活保護を請求することができる。(センター本試)　[　]

⑤ 公務員の違法な権限行使により損害を受けた者は，国または地方公共団体に対して損害賠償を請求することができる。(センター本試)　[　]

⑥ 情報公開制度は，国民には政府などに対して情報の開示を求める「知る権利」があるとの主張を背景として，導入された。(センター本試)　[　]

8 平和主義

解答 別冊p.6

※=さらにくわしい説明，◆=解答を導くためのヒント

重要語句でチェック

1 平和主義の理念と安保体制

①**憲法前文** 日本国民は恒久の平和を念願し，世界の人々は平和のうちに生存する[❶　　　　　　権]を有することを確認している。

②**憲法第9条**※1 [❷　　　　]の放棄，戦力の不保持，交戦権の否認を明記。

③**自衛隊の発足** 1950年に朝鮮戦争が始まると，マッカーサーの指示により警察予備隊が創設される。翌年[❸　　　　　　条約]により米軍駐留が継続され，警察予備隊は保安隊へと改組された。1954年のMSA協定※2を受けて，自衛隊となった。

④**自衛隊の増強** 1960年には[❸]を改定，日米間の同盟関係が明確になった。[❹　　　　　制度]が設けられたことによって，極東においてアメリカが行う戦争に日本が巻き込まれる危険性はないとされる。また，自衛隊は[❺　　　　　]を基本とする。防衛力整備計画によって自衛隊の増強が進められる。1978年には旧ガイドライン※4を策定した。

2 日本と世界の安全

①**安保体制の変化** 1992年に[❻　　　　　　　]を制定し，カンボジアなどへ自衛隊を派遣。1996年の日米安保共同宣言によって，防衛協力を強化し安保体制を再定義する。1997年には新ガイドライン※5を策定し，日本近辺における[❼　　　　事態]に対する日米協力のあり方を定める。

②**有事法制** 2001年のアメリカの「同時多発テロ」を受けて，テロ対策特別措置法※6を定め，[❽　　　戦争]に際して[❽]復興支援特別措置法を制定。2003年には有事関連3法※7を，2004年には有事関連7法※8を制定。

③**自衛隊の統制** 政府は自衛隊を「自衛のための必要最小限度の実力」ととらえている。[❾　　　　]◆2（シビリアン・コントロール）の原則の下，内閣総理大臣が自衛隊の最高指揮権をもつ。憲法上は，自衛隊は個別的自衛権のみを有し，[❿　　　　自衛権]の行使はできない。

④**世界平和と日本** 1971年には国会で，核兵器を「もたず，つくらず，もち込ませず」とする[⓫　　　　]◆4を決議。国連開発計画（UNDP）は，軍事力による安全保障だけでなく，人間一人ひとりの生命や人権を大切にすべきだという「[⓬　　　　　　　]」の概念を掲げている。

Point
▶平和主義の理念…戦争の放棄，戦力の不保持，交戦権の否認
▶自衛隊の存在…個別的自衛権，文民統制，平和維持活動（PKO）への参加

※1 **憲法第9条** 砂川事件，恵庭事件，長沼ナイキ訴訟，百里基地訴訟などは，憲法第9条をめぐる裁判である。

※2 **MSA協定** 日米相互防衛援助協定。日本がアメリカからの援助を受け，防衛力増強をはかる義務を負うことが主旨。

※3 **日米相互協力及び安全保障条約** 同時に結ばれた日米地位協定において，日本国内での米軍人の権利，在日米軍に施設や用地を提供する方法などについて定められている。

※4 **旧ガイドライン** 日米防衛協力のための指針。

※5 **新ガイドライン** 1999年には，周辺事態法，自衛隊法改正などからなるガイドライン関連法が制定された。

※6 **テロ対策特別措置法** この法律の期限切れを受けて，2008年には補給支援特別措置法が制定された。

※7 **有事関連3法** 武力攻撃事態法など。

※8 **有事関連7法** 国民保護法，米軍行動円滑化法など。

● ● ●

◆1 平和を享受することを新しい人権の1つとしてとらえる。

◆2 国防に関する重要事項を決定する安全保障会議には，自衛隊幹部は参加しないとされる。

◆3 自国が攻撃されていなくても，同盟国に対する武力攻撃に対して反撃をする権利。

◆4 このほか，国の方針として，武器の輸出を相手国によっては慎重に対処すべきだとする武器輸出三原則を掲げている。

図表でチェック

憲法第9条に関する政府の見解

吉田茂首相	1946年	戦争放棄に関する本案の規定は，直接には ❶_____ 権を否定していないが，第9条第2項において一切の軍備と国の ❷_____ 権を認めない結果，❶ 権の発動としての戦争も ❷ 権も放棄する。
	1950年	❸_____ の目的は，全く治安維持にある。したがってそれは軍隊ではない。
吉田茂内閣統一見解	1952年	憲法第9条第2項は，侵略の目的たると自衛の目的たるとを問わず「❹_____」の保持を禁止している。❹ とは，近代戦争遂行に役立つ程度の装備，編成を備えるものをいう。憲法第9条第2項にいう「保持」とは，わが国が保持の主体たることを示す。米軍 ❺_____ は，わが国を守るために米軍の保持する軍隊であるから，憲法第9条の関するところではない。
田中角栄内閣統一見解	1972年	憲法第9条第1項で自衛権は否定されていない。その否定されていない自衛権の行使の裏付けとして，自衛のための ❻_____ の実力を備えることは許されると解される。

日本の安全保障法制

日本有事	有事法制	武力攻撃事態対処法，改正安全保障会議設置法，米軍行動円滑化法，❼_____ 保護法，交通・通信利用法，外国軍用品等海上輸送規制法，国際人道法違反処罰法，捕虜等取り扱い法	
対米協力	新❽_____	周辺事態法	・❾_____ 対策特別措置法（2001～07年），新❾ 対策特別措置法（2008～10年） ・イラク復興支援特別措置法（2003～09年）
国際協力	国連平和維持活動協力法，国際緊急援助隊法，海賊対処法		

正誤判断でチェック

内容の合っているものには○，誤っているものには×をつけよう。

① 日本は戦争の放棄を国家理念として掲げたが，国際政治の変化のなかで日米安全保障条約により警察予備隊を創設した。(センター本試) [ ]

② 日本国政府は，従来，集団的自衛権の行使は違憲であるとの立場をとっていたが，自衛隊の海外派遣に際し，集団的自衛権の行使は合憲であるとの立場に変更した。(同志社大) [ ]

③ 1999年に周辺事態法などのガイドライン関連法が成立し，周辺事態が発生した場合に，自衛隊が米軍の後方支援を行うことなどが認められた。(龍谷大) [ ]

④ 2003年のアメリカ等による対イラク攻撃は，国連安全保障理事会の明確な決議に基づいて開始されたため，イラク復興支援特別措置法により派遣された自衛隊も，武力の行使が認められた。(龍谷大) [ ]

2章 日本国憲法の基本原理 定期テスト対策問題

解答 別冊p.6

1 〈日本国憲法の制定と基本原理〉
▶▶▶ わからないとき→p.18～19

次の文を読み，あとの問いに答えなさい。〔各3点　計27点〕

　日本国憲法は1946年に公布され，1947年に ① された。この憲法の基本原理として，国民主権，(a)基本的人権の尊重，および平和主義の3つをあげることができる。大日本帝国憲法では，天皇が主権者であり，天皇は，統治権を ② するとされていた。これに対して，日本国憲法は国政を担う主人公を国民とした。その結果，天皇は「日本国の ③ であり日本国民統合の ③ 」となり（憲法第1条），天皇は国政に関する権能を有さず（憲法第4条），内閣の助言と ④ を必要とする形式的・儀礼的な(b)国事行為のみを行うこととされた（憲法第3条）。また，日本国憲法第96条は，憲法改正について，(c)各議院の総議員の ⑤ 以上の賛成で，国会が発議し，国民投票で過半数の賛成を必要とするという手続きを定めている。改正憲法は国民の名で天皇が公布する。この手続きに関して，憲法制定後長期にわたって法律が制定されていなかったが，2007年に国民投票法が成立し，憲法改正原案の検討を行う ⑥ が衆参両議院に設置された。

(1) ①～⑥にあてはまる語句を，ア～シから1つずつ選びなさい。
　ア　象徴　　イ　2分の1　　ウ　認証　　エ　施行　　オ　輔弼
　カ　3分の2　キ　元首　　ク　発布　　ケ　憲法調査会　コ　承認
　サ　憲法審査会　シ　総攬

(2) 下線部(a)は，日本国憲法においてどのように定められているか。ア～エから1つ選びなさい。
　ア　臣民の権利　イ　人間の生存にとって欠くことのできない権利
　ウ　一定のゆずれない権利　エ　侵すことのできない永久の権利

(3) 下線部(b)にあてはまらないものを，ア～エから1つ選びなさい。
　ア　法律の公布　イ　内閣総理大臣の指名
　ウ　国会の召集　エ　外交文書の認証

(4) 下線部(c)のように，改正に際して，法律より厳しい規定が設けられている憲法を何というか。

2 〈基本的人権の保障〉
▶▶▶ わからないとき→p.20～21

次の図を見て，あとの問いに答えなさい。〔(2)9点，他各3点　計45点〕

(①)の尊重と平等権
- 自由権
  - ◆(②)の自由…思想・良心の自由，集会・結社・表現の自由，(a)信教の自由，学問の自由
  - ◆(③)の自由…奴隷的拘束・苦役からの自由，(b)法定の手続の保障
  - ◆(④)の自由…居住・移転・職業選択の自由，(c)財産権
- 社会権
  - ◆(d)生存権…(⑤)で文化的な最低限度の生活を営む権利
  - ◆教育を受ける権利
  - ◆(e)労働基本権…勤労の権利，団結権・団体交渉権・団体行動権
- 人権を確保するための権利
  - ◆参政権…選挙権，被選挙権，最高裁判所裁判官の(⑥)，地方公共団体の住民投票，憲法改正の国民投票，請願権
  - ◆救済を求める権利…(⑦)を受ける権利，(f)損害賠償請求権，刑事補償請求権

1
(1)① _____
② _____
③ _____
④ _____
⑤ _____
⑥ _____
(2) _____
(3) _____
(4) _____

ヒント
(1)②立法・行政・司法権などの統治権を掌握し，統括することをいう。
⑥国会法の改正により，2007年に憲法審査会が設置され，憲法調査会は廃止された。
(3)すべて形式的・儀礼的な行為である。
(4)法律では通常，出席議員の過半数の賛成により決議される。

2
(1)① _____
② _____
③ _____
④ _____
⑤ _____
⑥ _____
⑦ _____
(2) _____

(1) 図中の①～⑦に関する説明を，ア～ケから1つずつ選びなさい。
　ア　精神　　イ　健康　　ウ　国民審査　　エ　政治　　オ　個人
　カ　身体（人身）　　キ　弾劾裁判　　ク　裁判　　ケ　経済
(2) 下線部(a)に関連して，政教分離の原則が定められている。これはどのような原則か，簡単に説明しなさい。
(3) 下線部(b)について，事後に制定された法で罰せられることはないとされる原則を何というか。
(4) 下線部(c)は，社会の大多数の人々の利益である◻◻◻を考慮して，制限を受けることが多い。◻◻◻にあてはまる語句を書きなさい。
(5) 下線部(d)などをもとにして主張されるようになった，人間らしい生活環境を求める権利を何というか。
(6) 下線部(e)を保障するために制定された労働三法は，労働基準法，労働関係調整法ともう1つは何か。
(7) 下線部(f)は，◻◻◻の違法な行為などによって損害を受けた国民が，賠償を求める権利である。◻◻◻にあてはまる語句を書きなさい。

❸〈平和主義〉
次の文を読み，あとの問いに答えなさい。　〔各4点　計28点〕
▶▶▶わからないとき→p.22～23

　日本国憲法第9条は，戦争の放棄，◻①◻の不行使，戦力の不保持，交戦権の否認などを定めている。しかし1950年に◻②◻が勃発すると，連合国軍最高司令官マッカーサーは，同年，警察予備隊の創設を指令した。また1951年には日本はサンフランシスコ平和条約と同時に◻③◻を結び，冷戦のなかで米軍が引き続き日本に駐留し，基地を使用することになった。翌年，警察予備隊は保安隊と改められ，1954年には保安隊は国防の任務をあたえられ，◻④◻が発足した。さらに1960年には③が改定され，その後，日本はさらなる防衛力の増強義務を負うことになった。1990年代以降，日本の安全保障のあり方を見直す動きが出てきた。これにより，自衛隊の活動は「防衛出動」，「(a)国際平和協力」，「(b)米軍などへの後方支援」の3分野に拡大された。一方，これらの自衛隊の活動範囲の拡大および米軍との共同行動は，憲法第9条に反しているのではないかとして，③や④の(c)合憲・違憲性，および憲法改正の議論が行われてきた。

(1) ①～④にあてはまる語句を，ア～キから1つずつ選びなさい。
　ア　武力　　イ　自衛隊　　ウ　新ガイドライン　　エ　自衛権
　オ　キューバ危機　　カ　日米安全保障条約　　キ　朝鮮戦争
(2) 下線部(a)について，1992年に制定された法律に基づいて④が派遣された先としてあてはまらないものを，ア～エから1つ選びなさい。
　ア　モザンビーク　　イ　ベトナム
　ウ　東ティモール　　エ　カンボジア
(3) 下線部(b)について，2003年には◻◻◻復興支援特別措置法に基づいて，④が◻◻◻へ派遣された。◻◻◻にあてはまる国名を書きなさい。
(4) 下線部(c)について争われた訴訟としてあてはまらないものを，ア～エから1つ選びなさい。
　ア　長沼ナイキ訴訟　　イ　百里基地訴訟
　ウ　朝日訴訟　　エ　砂川事件

3章 日本の政治機構

9 国会と立法

解答 別冊 p.7

※=さらにくわしい説明，◆=解答を導くためのヒント

❗重要語句でチェック

1 国会の地位と組織

①**国会の地位** 国の唯一の[❶　　　機関]であり，[❷　　　]の最高機関である(憲法第41条)。正当に選挙された代表者を通じて国民が権力を行使する[❸　　　主義]◆1(代表民主制)を採用している。

②**国会の組織** 衆議院と参議院からなる[❹　　　制]。

③**衆議院の優越**※1 法律案の議決，条約の承認，予算の先議※3，内閣総理大臣の指名，[❺　　　権]◆2などにおいては，衆議院は参議院に優越する。

④**国会議員の地位** 国会会期中は逮捕されない(不逮捕特権)。院内の発言などについて，院外で責任を問われない([❻　　　特権])。

2 国会の権限と運営

①**国会の権限** 法律案の議決。[❼　　　]※4の承認。租税法律主義に基づき，[❽　　　]に関する議決を行う。内閣総理大臣の指名。罷免の訴追を受けた裁判官を裁判する[❾　　　]を設ける。正しい政策の決定に必要な情報を収集し，調査する[❿　　　権]◆3をもつ。

②**国会の種類** [⓫　　　]◆4は，予算の議決を主要議題とする。臨時会は，内閣の求めに応じて召集される。[⓬　　　]は，衆議院議員総選挙後30日以内に召集される。緊急集会は，衆議院の解散中，参議院が召集される。

③**国会の運営** 議案は関連する委員会へ送られ，審議される※5。重要案件の場合は，専門家などの意見を聞くため[⓭　　　]を開く。委員会の審議を受けて，本会議で議案を審議し，議決する。両院の議決が異なった場合には，両院協議会※6で意見を調整する。

④**国会の改革** 1999年，国会審議活性化法※7を制定。党首討論(クエスチョン・タイム)も導入されている。一方で，与野党間において，国会対策担当者どうしで議事運営を決めてしまう，国対政治が問題となっている。

Point
▶国会の地位…国の唯一の立法機関，国権の最高機関
▶国会の運営…常会，臨時会，特別会，緊急集会

※1 **衆議院の優越** 衆議院は任期が短く，解散もあるため，国民の意思を敏感に反映できるという考えが背景にある。

※2 **法律案の議決** 衆議院が可決した法律案を参議院が否決しても，衆議院が出席議員の3分の2以上の多数で再可決すれば，法律となる。

※3 **予算の先議** ただし，法律案は衆議院・参議院のどちらに先に提出してもよい。

※4 **租税法律主義** 租税の賦課・徴収は法律によらなければならないということ。

※5 **委員会** すべての議員はいずれかの委員会に属する。委員会には，予算・外務など17種の常任委員会があり，必要に応じて特別委員会が設けられる。予算審議に際しては，必ず開催。

※6 **両院協議会** 衆議院・参議院の各10名の議員で構成。

※7 **国会審議活性化法** 政府委員制度の廃止，国家基本政策委員会の設置，各省庁への副大臣と政務官の設置がおもな内容。

◆1 多数決を前提としながらも，少数意見を最大限に尊重する慎重な審議が必要とされる。

◆2 内閣総理大臣の指名とともに，議会と内閣の連携を示すものである。

◆3 議院証言法に基づいて，偽証などに対する強制手段が設けられている。

◆4 年1回，1月に召集。

3章　日本の政治機構

図表でチェック

法律の成立過程

三権分立

正誤判断でチェック

内容の合っているものには○，誤っているものには×をつけよう。

① 国会は，憲法上「唯一の立法機関」であるが，条約は法律ではないので，国会には内閣が締結する条約の承認権はない。（センター本試）　[　]

② 立法府による司法府に対する統制の手段として，国会は最高裁判所長官の任命権を有する。（センター本試）　[　]

③ 法律案は，先に衆議院に提出され，審議を受けなければならない。（センター本試）　[　]

④ 参議院が国政調査権を行使するためには，衆議院の同意を得なければならない。（センター本試）　[　]

⑤ 国会議員は，国会の会期中は，議員としての活動を保障するため，刑事上，法律で定められた場合を除いて逮捕されない。（青山学院大）　[　]

⑥ 国政上の問題を調査するために，国会は証人の出頭や記録の提出を求めることができる。（センター本試）　[　]

10 内閣と行政

解答 別冊 p.7

※＝さらにくわしい説明, ◆＝解答を導くためのヒント

❗ 重要語句でチェック

1 内閣の構成と権限

①**内閣と国会** 法律に基づいて実際に政治を行う権限を[❶　　　]権といい, 内閣が担当する。内閣は国会（立法府）の信任の下に成り立ち, 連帯して責任を負う議院内閣制を採用。

②**内閣総理大臣（首相）** 国会の議決により, [❷　　　]のなかから指名され, 国務大臣の過半数は[❷]でなければならない。

③**内閣不信任の決議** 決議を受け, 内閣は10日以内に[❸　　　]するか[❹　　　]を解散する。解散後は40日以内に[❹]の総選挙, 選挙日から30日以内に特別会を召集, 内閣総理大臣を指名。

④**内閣総理大臣と国務大臣** 内閣総理大臣は, 内閣の[❺　　　]として国務大臣を任命・罷免する権限をもつ。また, 副大臣や政務官も任命する。内閣の方針は, 内閣総理大臣と全国務大臣が参加する[❻　　　]で決定される。

⑤**内閣の権限** 法律を誠実に執行し, 国務を総理する。外交関係を処理する。予算を作成する。法律案を国会に提出する。法律の範囲内で[❼　　　]を定める。最高裁判所長官を指名する。天皇の[❽　　　]に助言と承認をあたえる。恩赦を決定する。

2 内閣の機能と行政をめぐる問題

①**省庁のしくみ** 府, 省, 庁などの行政機構で働く職員を[❾　　　]という。「小さな政府」をめざし, 1府22省庁から1府11省体制へ再編。

②**内閣から独立した合議制の機関** [❿　　　]が設けられており, 公正取引委員会, 国家公安委員会, 人事院などがある。

③**官僚の支配** 法律の具体化のための命令・規則の制定が行政機構に委ねられる[⓫　　　]が進み, 行政機構の役割が強い行政国家が成立した。その運営のため, 専門能力をもつ[⓬　　　]（行政官）の存在感が増し, 族議員や財界との癒着, 天下りなどの腐敗が生じた。

④**行政改革** [⓬]主義の弊害を正すため, 1993年に行政手続法を制定。1999年には[⓭　　　]を制定し, 行政を国民の監視と批判の下におく。同年, 国家公務員倫理法も制定された。

※1 **議院内閣制** 政党政治の下では, 多数党が立法権とともに行政権も管理するという問題点がある。

※2 内閣総理大臣と国務大臣はともに文民でなければならない。これは文民統制（シビリアン・コントロール）という考えからなされる。

※3 **国務大臣の任免** 在任中の国務大臣の訴追には, 内閣総理大臣の同意が必要とされる。

※4 **副大臣や政務官** 2001年の中央省庁再編で, それまでの政務次官の権限を強化する形で創設された。

※5 **法律の誠実な執行** 行政は法律に従って行われるべきであるという考えが示唆されている。

※6 **法律案の提出** 内閣による政府提出法案のほうが, 議員提出法案よりも成立数が多い。

※7 **天下り** 官僚が, 関連の深い企業や業界団体へ再就職すること。

※8 **行政手続法** 行政の運営における公正と透明性を確保するために制定された。

◆1 大日本帝国憲法においては, 内閣は天皇のもつ行政権を輔弼するものとされていた。

◆2 決定は全員一致で行われる。

◆3 行政機関や独立行政法人, 特殊法人がもつ文書について, 開示請求権を定めている。

📍 Point

▶内閣の権限…議院内閣制の下, 国会と連携して行政を担当する
▶行政改革…省庁再編, 情報公開制度, 公務員制度改革

図表でチェック

内閣の権限

日本の行政機構

正誤判断でチェック

内容の合っているものには○，誤っているものには×をつけよう。

① 日本国憲法が議院内閣制を採用しているとする根拠条文には，「内閣は，行政権の行使について，国会に対し連帯して責任を負ふ。」(第66条第3項)がある。(中央大) [ ]

② 日本国憲法では，内閣は衆議院に対してのみ責任を負い，内閣総理大臣は衆議院議員から選出する。(センター本試) [ ]

③ 衆議院の解散後，国会の議決が必要な場合，新しい衆議院議員が選ばれるのを待たなければならない。(センター本試) [ ]

④ 行政国家では官僚制が衰退し，公務員の数が大幅に減る「小さな政府」となる。(センター本試) [ ]

⑤ 国会で官僚が政府委員として答弁する政府委員制度は，廃止された。(センター本試) [ ]

⑥ 法律案について衆議院と参議院が異なる議決をした場合，両院協議会での成案が得られると，それが直ちに法律となる。(センター本試) [ ]

11 裁判所と司法

解答 別冊p.7

❋＝さらにくわしい説明，◆＝解答を導くためのヒント

❗ 重要語句でチェック

1 司法権の独立

①**裁判所の地位** さまざまな紛争を，裁判を通じて日本国憲法や法律に基づいて解決する働きを[❶　　　]といい，その権限は裁判所に属する。

②**裁判官の身分の保障** 裁判官は，国会や内閣の干渉を受けることはなく，[❷　　　]して裁判を行う❋1。憲法で裁判官の身分は保障され，国会で開かれる弾劾裁判と，国民審査をのぞいては罷免されない。そのほか，裁判所の内部規律については[❸　　　　◆1権]が認められている。

③**国民の司法参加** 国民には裁判を受ける権利があたえられている。裁判は原則として[❹　　　]されなければならず，特別❋2裁判所を禁止。欧米では陪審制❋3や参審制❋4を採用している。

④**日本の司法制度改革** 刑事裁判で[❺　　　制度◆2]を導入。2006年には日本司法支援センター（法テラス），2004年には法科大学院（ロースクール）が設置された。犯罪被害者参加制度や時効の廃止・延長も実施。

2 裁判の構成

①**裁判所の種類** 最高裁判所❋5と[❻　　　裁判所]がある。[❻]には，高等裁判所，地方裁判所，家庭裁判所，簡易裁判所がある。

②**裁判の種類** [❼　　　裁判]は，罪を犯した者の処罰を検討する。検察官が被疑者を裁判所に[❽　　　]して始まる。なお，検察官が不起訴にした事件の可否を審査するための検察審査会❋6が開かれている。
[❾　　　裁判]は，私人間の取引など私法に関する紛争を解決。訴えた側を[❿　　　]，訴えられた側を被告という。政府の行った行為に対する異議申立てにより，[❾]の形式に基づいて行政裁判が行われる。

③**審級制** 慎重に審理するため，第一審，控訴審，上告審の3回まで裁判を受けることができる[⓫　　　]を導入。

④**違憲法令審査権** 裁判所には，法律，命令，規則，処分が憲法に反していないかどうかを判断する権限があたえられている。特に最高裁判所は，最終的な判断を下すため，「[⓬　　　]」とよばれる。ただし，高度に政治的な事案に関しては違憲審査をすべきではないという意見（[⓭　　　論◆3]）もある。

❋1 明治時代の**大津事件**では，大審院長の児島惟謙によって法の遵守が説かれ，司法権の独立が貫かれた。

❋2 **特別裁判所** 司法権の外にあって，特定の事案だけについて裁判を行う裁判所。

❋3 **陪審制** 一般市民から選ばれた陪審員が，裁判官とは独立して事実審理を行い，その事実認定に基づいて裁判官が法律判断を下す制度（アメリカ・イギリスなど）。

❋4 **参審制** 一般市民から選ばれた参審員が，裁判官とともに事実審理と法律判断を行う制度（ドイツなど）。日本の裁判員制度はこれに相当する。

❋5 **最高裁判所** 長官と14名の裁判官からなる。

❋6 **検察審査会** 検察官の職務の上に一般国民の良識を反映させるため，国民のなかから選任された11名の検察審査員が，検察官の不起訴処分の適否を審査する。

◆1 **日本国憲法第77条**
最高裁判所は，訴訟に関する手続，弁護士，裁判所の内部規律及び司法事務処理に関する事項について，規則を定める権限を有する。

◆2 重大な刑事事件について，20歳以上の一般市民から選任された裁判員が，裁判官とともに事実認定，有罪・無罪の決定と量刑を下す制度。

◆3 安保体制や自衛隊の違憲性に関する訴訟では，国会や内閣，国民の判断に委ねるべきであるとして，憲法判断が回避されている。

📍Point

▶**司法権の独立**…裁判官の職権の独立，裁判官の身分保障
▶**公正な裁判**…裁判の公開，三審制，裁判員制度

図表でチェック

民事裁判

刑事裁判

三審制のしくみ

正誤判断でチェック

内容の合っているものには○，誤っているものには×をつけよう。

① 大津事件は，明治政府の圧力に抗して，裁判所がロシア皇太子暗殺未遂犯を通常の殺人未遂罪で裁いた事件である。（センター本試）　　　　　　　　　[　　]

② 最高裁判所の裁判官は，国民審査によらない限り罷免されない。（センター本試）　　　　[　　]

③ 司法の独立性確保のため，最高裁判所は，規則制定権を付与されている。（センター本試）　[　　]

④ 現在公開されている裁判は，刑事訴訟に限られており，民事訴訟は当事者のプライバシーを保護するために非公開とされている。（学習院大）　　　　[　　]

⑤ 日本国憲法では，国を被告とする裁判が禁止されている。（センター本試）　　　　[　　]

12 地方自治

解答 別冊 p.8

❋=さらにくわしい説明，◆=解答を導くためのヒント

❗ 重要語句でチェック

1 地方自治の本旨

①**地方自治制度** 日本国憲法の下で市町村と都道府県は大きな自治権をあたえられ，1947年，[❶　　　　法] が制定された。イギリスの政治学者ブライスは，地方自治を「[❷　　　　　　　　　]」と表現した。

②**地方自治の本旨** 地域住民全体により構成される地方公共団体が，中央政府から自立して行政を行う [❸　　　　]◆1 と，地方公共団体の運営を住民の意思と参加に基づいて行う [❹　　　　]◆2 の側面がある。

③**住民の直接請求権** 条例の制定・改廃を請求するイニシアティブ，首長・議員・役員の解職を請求する [❺　　　　]◆3，特定の問題について住民の意思を直接問う [❻　　　　]（レファレンダム）の制度がある。

④**地方公共団体の活動** 住民が健康で文化的な生活を送るために必要な公的サービスの水準である [❼　　　　]◆4 の実現を目標とする。

2 地方自治の運営

①**地方公共団体の仕事** 上下水道，学校，ごみ収集，福祉サービスなど。
②**二元代表制**❋1 議決機関である議会と執行機関である [❽　　　　]（知事・市町村長）が抑制と均衡の関係にある。
③**議会** 法律の範囲内で [❾　　　　] を制定する権限をもつ。[❽] は議会の決定に対する拒否権をもつ。
④**地方公共団体の事務** 1990年代，地方分権改革により機関委任事務❋2 が廃止され，地方公共団体が主体的に処理できる [❿　　　　]◆5 と，本来は国が行うべき [⓫　　　　]◆6 とに分類された。

3 地方自治の課題

①**地方財政** 自主財源の割合が低く，[⓬　　　　]◆7・国庫支出金・地方債などの依存財源の割合が高い。このため，三位一体の改革❋4 が行われた。地方財政効率化のため，市町村合併も進んでいる。
②**分権改革** 1999年に地方分権一括法が制定されるなど，国から自治体への権限移譲が進められている。また，[⓭　　　　]（民間非営利組織）やNGO（非政府組織）などの公共政策への参加も進められている。一部の地方公共団体は，オンブズマン制度❋5 を導入している。

❋1 **二元代表制** 内閣総理大臣が国会で選出される国の制度とは異なり，首長も議会もそれぞれ住民の代表となる。

❋2 **機関委任事務** 国の指揮監督の下で行う仕事。

❋3 **国庫支出金** 道路整備，義務教育などの費用の一部を，国が負担する制度。

❋4 **三位一体の改革** 国から地方への税源の移譲，国庫支出金の削減，地方交付税の見直しを同時に推進する改革。

❋5 **オンブズマン制度** 市民の立場から行政などの監察を行う制度。

◆1 この要素に基づき，都道府県や市町村の設置や条例制定権が認められている。

◆2 この要素に基づき，直接請求権が認められている。

◆3 解職・解散請求については，有権者の3分の1以上という多くの署名が必要とされる。

◆4 一方で，国家が国民に保障すべき最低限度の生活水準のことは，ナショナル・ミニマムという。

◆5 このうち，国民健康保険の給付，介護保険，福祉サービスについては，法律や政令によって事務処理が義務づけられている。

◆6 必ず法律や政令によって事務処理が義務づけられている。

◆7 地方公共団体間の財政格差をうめるため，国税の一部を地方に配分する。

Point

▶地方自治の構造…執行機関と議決機関の二元代表制
▶住民自治…直接請求権，住民投票，オンブズマン制度

図表でチェック

地方自治の機構

直接請求権

請　　求	必要署名数	請求先	手続き
条例の制定・改廃の請求	有権者の❻分の1以上	首長	首長が議会にかけ，その結果を公表する。
事務❼請求	有権者の❻分の1以上	❼委員	❼の結果を公表し，議会・首長などにも報告する。
議会の❽請求	有権者の❾分の1以上	❿	住民の投票に付し，過半数の同意が得られれば❽する。
首長・議員の解職請求	有権者の❾分の1以上		住民の投票に付し，過半数の同意が得られれば解職される。
副知事・副市町村長・その他の公務員の解職請求	有権者の❾分の1以上	首長	議会で3分の2以上の出席，4分の3以上の同意により解職。

❌ 正誤判断でチェック

内容の合っているものには○，誤っているものには×をつけよう。

① 執行機関として，首長のほかに中立性や専門性が求められる行政分野を中心に行政委員会がおかれている。（センター本試）　　　　　　　　　　　　　　　　　　　　　　　　　　　　　　　　　　　　[　]

② 市町村の条例は，その市町村議会での議決と総務大臣の許可を経て制定される。（オリジナル）　　　[　]

③ 地方公共団体によっては，条例による住民投票の投票権が18歳未満の者にも認められている。
（センター本試）　　　　　　　　　　　　　　　　　　　　　　　　　　　　　　　　　　　　　　[　]

④ 監査委員は，住民からの直接請求をうけて行政事務の執行を監査し，その結果を国会に報告しなければならない。（センター本試）　　　　　　　　　　　　　　　　　　　　　　　　　　　　　　　　　[　]

⑤ 国と地方自治体の間に対等な関係を構築するため，法定受託事務が廃止された。（センター本試）　　[　]

⑥ 国庫支出金は，財政力に欠ける地方公共団体の救済を目的とするため，財政が豊かな地方公共団体には支給されない。（専修大）　　　　　　　　　　　　　　　　　　　　　　　　　　　　　　　　　[　]

第3章 日本の政治機構 定期テスト対策問題

解答 別冊p.8

1 〈国会と立法，内閣と行政〉
▶▶▶わからないとき→p.26〜29

次の文を読み，あとの問いに答えなさい。

〔(6)10点，(3)(8)各4点，他各2点　計46点〕

日本国憲法は，国会と内閣の関係について，[①]制を採用している。まず，憲法第66条第3項は，「内閣は，(a)行政権の行使について，国会に対し連帯して責任を負ふ」と規定し，内閣の(b)連帯責任の原則を定めている。そして，憲法第69条は，「(c)内閣は，衆議院で不信任の決議案を可決し，又は信任の決議案を否決したときは，[②]日以内に衆議院が解散されない限り，[③]をしなければならない」と規定し，国会が内閣に対する不信任決議権を有することを定めている。さらに，憲法第67条が，(d)内閣総理大臣を国会が指名することを定めるなど，細かな規定が成文化されている。国会は，日本における唯一の[④]機関である。国会の構成員たる国会議員は選挙によって選出される。衆議院が解散された場合を例にとると，まず，憲法第54条第1項の定めにしたがって，解散の日から[⑤]日以内に，衆議院議員の総選挙を行い，その後，その選挙の日から[⑥]日以内に，国会を召集しなければならないことになっている。国会の実質的な議論の場としては，議院全体の会議である[⑦]とともに，議院に設置された(e)委員会が重要な役割を担っている。

(1) ①〜⑦にあてはまる語句・数字を，ア〜スから1つずつ選びなさい。
　ア　10　　イ　20　　ウ　30　　エ　40　　オ　直接民主
　カ　総会　　キ　本会議　　ク　総辞職　　ケ　議院内閣
　コ　立法　　サ　罷免　　シ　司法　　ス　二院

(2) 下線部(a)に関連して，次のA〜Dの政策を専門的に行うために設置されている省庁を，ア〜カから1つずつ選びなさい。
　A　教育・文化　　B　産業振興　　C　治安　　D　社会保障
　ア　法務省　　イ　経済産業省　　ウ　文部科学省
　エ　厚生労働省　　オ　財務省　　カ　国家公安委員会

(3) 下線部(b)に関連して，内閣総理大臣とすべての国務大臣が署名をすることで決定がなされる会議を何というか。

(4) 下線部(c)以外に，内閣の[③]を行う場合を，ア〜エから1つ選びなさい。
　ア　内閣提出の法律案が否決された。　　イ　予算が否決された。
　ウ　内閣総理大臣が欠けた。　　エ　内閣総理大臣が刑事訴追された。

(5) 下線部(c)は，衆議院の優越の一例である。衆議院が優越する例としてあてはまらないものを，ア〜エから1つ選びなさい。
　ア　国政調査　　イ　予算の審議　　ウ　条約の承認　　エ　法律案の議決

(6) 衆議院が参議院に対して優越した権限をあたえられている理由を，「任期」「意思」という語句を用いて簡単に書きなさい。

(7) 下線部(d)について，これが行われる国会を，ア〜エから1つ選びなさい。
　ア　常会　　イ　特別会　　ウ　臨時会　　エ　緊急集会

(8) 下線部(e)について，重要な議案では，委員会の審議において専門家の意見を聞く会議が開かれることがある。この会議を何というか。

1

(1) ①_____
　② _____
　③ _____
　④ _____
　⑤ _____
　⑥ _____
　⑦ _____

(2) A _____
　B _____
　C _____
　D _____

(3) _____

(4) _____

(5) _____

(6) _____

(7) _____

(8) _____

ヒント
(1) ①国民は立法を行う議会の議員を選ぶ。議会には行政の中心となる首相を選ぶ権限がある。
③内閣総理大臣とすべての国務大臣が辞職すること。
⑥選挙の結果をふまえて，内閣総理大臣が国会によって指名される。
(2) D社会保障を担当する省と，労働者の権利保護を担当する省が，省庁再編により統合された。
(5) このほか，弾劾裁判所の設置，憲法改正の発議などは，衆参対等な権限をもつ。

❷ 〈裁判所と司法〉
次の文を読み，あとの問いに答えなさい。　▶▶▶わからないとき→p.30〜31
〔(2)4点，他各3点　計25点〕

　裁判所には，最高裁判所と下級裁判所がある。最高裁判所はその長たる裁判官が内閣の　①　に基づいて　②　によって任命され，その他の裁判官は内閣によって任命される。下級裁判所の裁判官は，　③　の指名した名簿によって内閣が任命する。裁判所には司法権の独立が保障され，すべての裁判官は，　④　と法律にのみ拘束されるほかは，その　⑤　に従い，独立してその職権を行う。それを実質的にも保障するために裁判官の身分は保障されているが，最高裁判所の裁判官については　⑥　により罷免される場合がある。なお，最高裁判所は(a)一切の法律，命令，規則又は処分が憲法に適合するかしないかを決定することができる終審裁判所でもある。また，裁判への一般市民の参加を認める制度として，(b)裁判員制度が導入されている。

(1) ①〜⑥にあてはまる語句を，ア〜コから1つずつ選びなさい。
　ア　弾劾裁判　　イ　指名　　ウ　国民審査　　エ　良心　　オ　天皇
　カ　法律　　キ　認証　　ク　総辞職　　ケ　憲法　　コ　最高裁判所
(2) 下線部(a)の権限を何というか。
(3) 下線部(b)が導入されている刑事裁判について誤って述べたものを，ア〜エから1つ選びなさい。
　ア　検察官が被疑者を起訴して裁判が始まる。
　イ　簡易裁判所からの控訴は地方裁判所に対して行われる。
　ウ　訴えられた側を被告人とよぶ。
　エ　裁判は公開で行われる。

❸ 〈地方自治〉
次の文を読み，あとの問いに答えなさい。　▶▶▶わからないとき→p.32〜33
〔(3)(4)各4点，他各3点　計29点〕

　現在，国政において(a)地方分権が課題となっているが，これは地方公共団体が国の政府から干渉を受けずに地方の行政事務を処理できるという，　①　を確立しようとするものである。しかし，地方自治体において民主主義を実現しようとすれば，地方行政を地域住民の意思で行うという　②　の充実が不可欠である。住民は，議会の議員を(b)選挙で選び，かつ首長も選挙で選ぶことができる。議員および首長の任期は，　③　年で，議会は一院制である。住民がそれぞれ選挙を通じて民意を反映することができる　④　代表制である。首長と議会多数派が対立した場合，議会は議員の首長の　⑤　案を可決することができる。また，住民による直接請求では，(c)条例の制定・改廃を　⑥　以上の有権者の署名によって首長に提出できる。

(1) ①〜⑥にあてはまる語句を，ア〜コから1つずつ選びなさい。
　ア　住民自治　　イ　解職　　ウ　一元　　エ　二元　　オ　団体自治
　カ　不信任　　キ　3分の1　　ク　50分の1　　ケ　4　　コ　6
(2) 下線部(a)の試みとしてあてはまらないものを，ア〜エから1つ選びなさい。
　ア　市町村合併　　イ　首都機能移転
　ウ　税の新設　　エ　機関委任事務の拡大
(3) 下線部(b)について，被選挙権が満30歳以上の議員，あるいは首長は何か。
(4) 下線部(c)を請求する住民の権利を，カタカナで何というか。

4章 現代日本の政治

13 戦後政治のあゆみ　　解答 別冊p.9

❋=さらにくわしい説明，◆=解答を導くためのヒント

❗ 重要語句でチェック

1 戦後政治

①**戦後政治の出発**　吉田茂を党首とする[❶　　　党]が優位となり，冷戦下において，アメリカとの協調を強める政策へ転換する。❋1

②**政党政治**❋2　[❶　　　]などの保守勢力と，日本社会党，[❷　　　党]などの革新勢力が，憲法第9条をめぐって対立。1955年には[❶]・日本民主党の保守合同❋3で生まれた自由民主党（自民党）の一党優位体制の下で，保守・革新が対立した（[❸　　　体制]）。

③**革新自治体**　1960年代の高度経済成長にともない，民主社会党（民社党）や公明党❋4が支持を広げる。1960年代後半からの住民運動❋5を背景に，日本社会党や[❷]の知事や市長が当選し，革新自治体が誕生した。

④**保守政治の変化**　1970年代には保守政治は衰退したが，1980年代には国鉄の民営化などを掲げる[❹　　　主義]的な政策が進められた。

⑤**政治の腐敗**　自民党政権下では[❺　　　]（圧力団体）が力を増し，[❺]と官庁の橋渡しをする[❻　　　]◆1が現れた。また，自民党内で首相の座をめぐって[❼　　　]◆2が争い，多額の政治資金が政治を動かす[❽　　　政治]に批判が集中した。

2 連立政権の時代

①**政治体制の転換**　1993年の総選挙で自民党は政権を失い，非自民連立の連立政権（細川内閣）が成立。その後，小選挙区比例代表並立制の導入，政党助成法❋6の制定など，[❾　　　改革]が行われた。

②**二大政党化**　2001年には小泉内閣が誕生し，[❿　　　改革]◆3を進めたが，2007年以降は「ねじれ現象」❋7が生じた。2009年には民主党を中心とした鳩山内閣❋8が成立し，[⓫　　　]が実現。しかし，選挙前に掲げた[⓬　　　]（政権公約）の実現の失敗などから，2012年に自民党が政権を奪い返した。2013年の参議院選挙，さらに翌年の衆議院選挙でも自民党が大勝し，第3次安倍内閣が発足した。

❋1　1951年にはサンフランシスコ平和条約，日米安全保障条約を締結した。

❋2　**政党政治**　かつては，教養や財産をもつ有力者からなる名望家政党により行われていたが，20世紀には，一般大衆による大衆政党が力をもった。

❋3　**保守合同**　1955年の衆議院解散・総選挙の結果，日本民主党が第一党となったが過半数には届かず，自由党と合同して自由民主党を結成した。

❋4　**民社党や公明党**　保守・革新の両方に不満をもつ人々に支持され，中道政党とよばれた。

❋5　**住民運動**　高度経済成長による都市化が生んだ公害などの問題に対しておこった。

❋6　**政党助成法**　政党へ国庫から助成金を交付する制度を定めている。

❋7　**「ねじれ現象」**　衆議院と参議院で多数派が異なる状態。

❋8　**鳩山内閣**　沖縄の普天間飛行場移設問題などで支持率を下げ，総辞職した。

◆1　農林族，運輸族，建設族など。

◆2　特定の政治家を中心として結集している議員の集団。

◆3　財政投融資改革，郵政民営化，特殊法人改革（三位一体の改革）などが進められた。

📍Point
▶**55年体制**…保守 対 革新。自民党の派閥政治，金権政治
▶**連立政権**…政治改革，構造改革，政権交代と政治の混迷

図表でチェック

おもな政党の移り変わり

おもな汚職事件

事件	年	内容
❻　　　事件	1976年	アメリカの航空機会社が, 売り込みのため日本政府高官に贈賄を行った。
❼　　　事件	1989年	情報関連会社が, 自社の地位を高めるため, 株式譲渡の形で政財界に贈賄を行った。
❽　　　事件	1991年	運送会社が政治家に対して違法な献金を行った。

正誤判断でチェック

内容の合っているものには○，誤っているものには×をつけよう。

① 自由民主党単独政権下では，党の総裁が首相になるため，総裁の座をめぐって派閥間の抗争が激化した。（國學院大）　[　]

② 政党は国会内外で活動する政治団体であるのに対し，派閥は国会内だけの団体であり，国会法では派閥の所属議員数の比率により各院の常任委員や特別委員を割り当てるとしている。（國學院大）　[　]

③ 政党助成法（1994年）は，政党に対する企業・団体献金を制限するかわりに，国が政党に対して政党交付金による助成を行うこととし，このために必要な政党の要件などを定めた。（國學院大）　[　]

④ リクルート事件は，情報産業リクルート社が，子会社リクルートコスモス社の未公開株を政治家や官僚に賄賂として供与した事件であり，竹下登首相が起訴された。（國學院大）　[　]

⑤ 2010年，民主党の鳩山由紀夫内閣が発足したが，同7月の参議院議員通常選挙において民主党が単独過半数を獲得できなかったため，「ねじれ現象」が生じた。（國學院大）　[　]

14 選挙制度と政党

解答 別冊p.9

❋=さらにくわしい説明，◆=解答を導くためのヒント

❗ 重要語句でチェック

1 選挙制度

①**選挙の原則** 一定年齢以上の国民に選挙権・被選挙権をあたえる普通選挙，投票の価値を平等に扱う[①　　　]，有権者が直接候補者に投票する直接選挙，投票の秘密を守る[②　　　]。

②**選挙制度の種類** 候補者個人に投票する個人代表制と，政党の得票率に応じて議席を配分する[③　　　]がある。[③]は多党制を生むが，小党分立をまねき政局が不安定になりやすい。

③**個人代表制** 1選挙区から1人の議員を選出する[④　　　]や，2人以上を選出する大選挙区制。[④]は死票が多いが二大政党制を生む。

④**日本の選挙制度** 衆議院では大選挙区制の一種で，1選挙区から3〜5人を選出する[⑤　　　]がとられてきたが，1994年に公職選挙法が改正され，[③]と[④]を合わせた[⑥　　　]が導入された。参議院では2000年に，[⑦　　　]と都道府県単位の選挙区選挙の併用が始まった。

2 選挙の問題点

①**議員定数の不均衡** 選挙区ごとに，議員1人に対する有権者数の割合に大きな差があり，「[⑧　　　]」として問題となっている。最高裁判所は，投票価値の平等原則に反するとして，違憲判決を下している。

②**選挙運動** 公職選挙法の改正によって，選挙違反に対して，選挙活動の責任者と当選者に連帯責任を科す[⑨　　　]制が強化された。政治資金を透明化するために，[⑩　　　]が改正され，国が政党交付金を支出することを決めた[⑪　　　]が成立した。投票率が低迷するなかで，マニフェスト（政権公約）が示されるようになった。

③**政治的無関心** 投票率の低迷には，政治的無関心があり，支持する政党がない[⑫　　　]の増加がある。特に若い世代で投票率が低い。

④**参政権の範囲** 日本では2016年に選挙権年齢が満20歳以上から満[⑬　　　]歳以上に引き下げられた。また，国政選挙においては，在外邦人の投票が可能になるなどの動きがある。

Point
▶選挙制度…個人代表制（小選挙区制，大選挙区制），比例代表制
▶選挙の問題点…1票の格差，選挙違反，投票率の低下

❋1 **普通選挙** 日本においては，1925年に満25歳以上の男子による普通選挙が実現した。

❋2 **多党制** 単独で政権を担当するだけの勢力をもたない3つ以上の政党が，主導権をめぐって争う体制。少数派の意見が反映される。

❋3 **死票** 落選者に投じられた，議席に結びつかない票。

❋4 **公職選挙法** 衆参両院の議員定数や選挙制度，選挙権・被選挙権などについて定めた。

❋5 **選挙違反** 2013年には公職選挙法の一部が改正され，インターネットを使った動画・電子メールなどによる選挙運動が解禁された。

◆1 各政党の得票数を整数で割り，商が大きい候補者から議席を割り当てていくドント式が採用されている。

◆2 小選挙区と比例代表の両方に立候補する重複立候補が認められている。

◆3 候補者名簿に順位をつけない方式。政党名と個人名の合計得票数に比例して当選者が決まる。

◆4 1票の重みが最大の選挙区と最小の選挙区では，参議院では約5倍，衆議院では約2倍の開きがある。2012年12月の衆議院議員選挙に対して，広島・岡山で選挙無効の判決が下され，定数是正の法案が2013年の参議院議員選挙から適用された。

◆5 選挙運動統括責任者や出納責任者が買収などの罪で刑に処せられた場合，当選は無効となり，その選挙区で5年間は立候補できない。

図表でチェック

選挙制度

制度	長所	短所
❶	得票率に応じて公平に議席を配分できる。落選者へ投じられる❷　　　が少ない。	小党乱立により政局が不安定になりやすい。
❸	少数意見を反映できる。❷が少ない。	小党乱立により政局が不安定になりやすい。多額の選挙費用が必要となる。
❹	❸の一種で❸と❻の両方の長所をあわせもつ。	同じ党内で❺　　　争いが発生しやすい。
❻	選挙費用が少ない。有権者が広く候補者を知ることができる。二大政党制を実現しやすい。	❷が多くなり，大政党に有利となる。選挙違反がおこりやすい。

日本の国政選挙

議院	任期	議員定数	選挙区	重複立候補	投票方法
衆議院	❼　　年（解散あり）	❽　　人	小選挙区制　289人（選挙区ごとに政党などが候補者を立てる）	あり	候補者名
			比例代表制（拘束名簿式）176人（全国を11ブロックに分ける）		政党名
参議院	6年（❾　　年ごとに定数の半数を改選）	❿　　人	選挙区制　74人（45選挙区）	なし	候補者名
			比例代表制（非拘束名簿式）50人（全国1区）		候補者名＋政党名

正誤判断でチェック

内容の合っているものには○，誤っているものには×をつけよう。

① 日本の衆議院議員は，比例代表選挙においては，全国を11に分けたブロックごとに，18歳以上の有権者によって選出される。（センター本試）　[　]

② 衆議院の小選挙区比例代表並立制において，小選挙区の立候補者は，比例代表には重複して立候補できない。（東京経大）　[　]

③ 参議院の比例代表選挙は，全国を一つの単位として投票する方式である。（センター本試）　[　]

④ 衆議院議員選挙においても参議院議員選挙においても，選挙運動の際の戸別訪問が認められている。（センター本試）　[　]

⑤ 無党派層とは，政党の公認を受けた候補者には投票しない人々をいう。（センター本試）　[　]

⑥ マニフェストに示された内容は，政党の単なる政治的義務ではなく，法的拘束力をもつ法的義務である。（中央大）　[　]

15 世論と政治参加

解答 別冊p.9

❋＝さらにくわしい説明，◆＝解答を導くためのヒント

❗重要語句でチェック

1 民主政治と社会集団

①**政治に影響をあたえる集団** 労働組合などの[❶　　　]◆1（圧力団体）が，政治や行政に働きかけている。アメリカではその代理人をロビイストとよぶ。その活動は政治腐敗をまねくなどの弊害も引きおこした。近年はこういった集団に属する人が減り，影響力も弱まっている。

②**民意による政治** 公共の問題に関する人々の意見を[❷　　　]といい，それを数値化したものが[❷]調査である。その形成には，新聞，テレビなどの[❸　　　]◆2が影響している。権力者❋1がこれを利用して[❷]を操作することもある。

③**社会の公器としてのメディア** 記者クラブ❋2が報道の自主性を損なっているという批判や，[❸]が立法・行政・司法権につぐ「[❹　　]◆3」となって過剰な影響力をおよぼしているという指摘もある。近年はソーシャルネットワーク❋3などを利用した[❺　　　]とよばれる情報提供や議論も盛んである。

④**メディアとの付き合い方** [❸]から発信される情報を多角的・批判的に読み取る[❻　　　　　]を身につける必要がある。また，[❺]は匿名性が高いため，理性的な議論が求められる。

2 政治参加の変化

①**大衆の社会的要求** デモ，集会などを行って政治に影響をあたえようとする消費者運動，労働運動などの運動を[❼　　]◆4という。市民が環境保全・平和・福祉・人権擁護など公益の実現を求めて自主的に参加する運動を[❽　　　]という。公害など特定地域が抱える問題の解決を求めて行われる運動を[❾　　　]という。

②**市民団体の活動** 政府以外の構成員が貧困・環境問題などに取り組むためにつくった国際的な組織を[❿　　]◆5（非政府組織）といい，国境を越えた活動を行っている。これに加え，一般の営利企業とは異なって利潤を得ることを目的とはしない[⓫　　]◆6（民間非営利組織）の活動が広がっている。1998年には，その活動をさらに促進するために，特定非営利活動促進法❋4（[⓫]法）が制定された。

❋1 **権力者** 政府は放送免許の許認可権などを通じて，大きな影響力をもっている。また，新聞社やテレビ局は私企業であるため，大株主の意向を反映しなければならない面もある。

❋2 **記者クラブ** 官庁や大企業に設置され，記者に対して一括して情報を提供する。記者に対しては取材に便宜がはかられるが，報道の画一化がもたらされるなどの批判もある。

❋3 **ソーシャルネットワーク** ブログ，ツイッター，フェイスブックなど。

❋4 **特定非営利活動促進法** 認定NPOとなると，税制優遇措置を受けられる。

・・・

◆1 19～20世紀にかけて，議会の地位向上，職業の専門化などにともなって，欧米諸国で出現した。

◆2 これを介した大量で一方的な情報伝達を，マス・コミュニケーション（マスコミ）という。

◆3 マスメディアは立法・行政・司法の三権を監視するものとされてきたが，近年は，メディアに対する批判的な意味もふくんでいる。

◆4 19世紀以降の産業革命の進展と，選挙権の拡大にともなって活発になっていった。

◆5 Non-Governmental Organizationの略称。

◆6 Non-Profit Organizationの略称。

📍Point

▶民意による政治…利益集団の活動，マスメディアの世論への影響
▶市民の活動…大衆運動，市民運動，住民運動，NGO，NPO

図表でチェック

マスメディア・電子メディアの特徴

種類	情報の伝達
❶　　　　・雑誌	文字と画像で情報を伝える。速報性に劣る。
❷	映像と音声で情報を伝える。速報性がある。
❸	音声だけで情報を伝える。速報性がある。
❹	文字・音声・映像が結合したマルチメディア。速報性がある。双方向である。

メディアと政治

できごと	年	内容
❺　　　戦争	1991年	アメリカ政府がマスメディアに対して映像を提供することで，情報統制を行った。
❻　　　内閣	2008年	世論調査で高い支持を示した❻氏が自民党総裁に選出され組閣。しかし，続く世論調査で支持率が急落すると，自民党は総選挙で敗北。内閣は総辞職した。
❼　　　のムバラク政権崩壊	2011年	ツイッター，フェイスブックなどのソーシャルメディアを通じた市民のよびかけをきっかけに，大衆運動に発展した。

正誤判断でチェック

内容の合っているものには○，誤っているものには×をつけよう。

① 世論は一人ひとりの意見の集まりであるから，人々は自分自身の考え方まで形づくる必要はない。（東海大）　[　]

② 利益集団は，自らが政権を担当することを志向しないことで，政党と区別される。（中央大）　[　]

③ 利益集団とは，国民の多様な意見や利害を集約して政策案を策定し，その実現のため，政権の獲得をめざして活動する組織のことを指す。（センター本試）　[　]

④ アメリカ合衆国のような大統領制の下では，立法部の構成員のみが法案提出権をもつため，利益集団は，議員に働きかけるロビー活動が中心となる。（中央大）　[　]

⑤ 利益集団が多くなると，相互にチェックしあい，むしろ健全な政治がもたらされる。（東洋大）　[　]

⑥ 世論調査結果についてマスメディアが行う報道は，調査の対象となった問題に対する意見を国の政治に反映させる機能をもつ。（センター本試）　[　]

⑦ マスメディアは，これまで政治権力による報道の統制に従ったことはない。（センター本試）　[　]

⑧ 大衆運動は，国政選挙における特定の勢力の支援を目的としない場合でも，運動に参加した者の意見を国の政治に反映させる機能をもつ。（センター本試）　[　]

⑨ マスメディアは事実を正確に伝えるので，誤報で人々に迷惑をかけることはない。（東海大）　[　]

⑩ メディア・リテラシーは，マスメディアの報道を批判的に読み解く能力をふくまない。（東海大）　[　]

4章 現代日本の政治 定期テスト対策問題

解答 別冊p.10

❶ 〈戦後政治のあゆみ〉

右の年表を見て，次の問いに答えなさい。

▶▶▶わからないとき→p.36〜37
〔各4点 計24点〕

(1) 次の①〜④のことがらに関連が深い首相を，年表中のA〜Iから1人ずつ選びなさい。
① ロッキード事件で起訴された。
② 保守合同により，55年体制が始まった。
③ 非自民連立内閣を初めて実現した。
④ 福祉政策の見直しなど新保守主義的な政策が進められた。

(2) 下線部(a)について，この時期に行われた公職選挙法の改正，政党助成法の制定などの改革をまとめて何というか。

(3) 下線部(b)について，この時期に「小さな政府」をめざして行われた改革をまとめて何というか。

首相	できごと
A 吉田茂	日本国憲法公布 独立回復
B 鳩山一郎	国連加盟
C 岸信介	安保条約改定
D 池田勇人	所得倍増計画
E 佐藤栄作	沖縄返還
F 田中角栄	日中国交樹立
G 中曽根康弘	JR，NTT民営化
H 細川護熙	(a)公職選挙法改正
I 小泉純一郎	(b)郵政民営化

❷ 〈選挙制度と政党〉

次の文を読み，あとの問いに答えなさい。
▶▶▶わからないとき→p.38〜39
〔(4)各3点，他各4点 計41点〕

各政党は(a)何らかの社会・政治勢力をその支持基盤とするが，特定の利益を代弁するだけでなく，全国民的利益をめざすことが求められる。歴史的にみると当初の政党は「財産と教養」の主体である名士たちの議員団政党，いわゆる ① として成立した。こうした政党の性格を変化させたのが普通選挙制の導入である。日本国憲法は，政党に関する明文の規定をもっていないが，(b)憲法は，政党の存在を当然に予定しているものといえる。政党の最も重要な機能は，国民と公権力を橋渡しすることである。つまり政党は，最終的には国家の意思を形成するために，主権者である国民のもつ多様な政治意思をある程度統合するという機能を果たす。国民の意思形成は ② 制では選挙を通して行われるので，政党の働きも重要なものとなる。ところで，選挙制度を通して民意を議会に反映させる方法として，2つの基本的な考え方の違いがある。1つは，(c)国民のなかに存在するさまざまな意見をできるかぎり忠実に議会に反映させ，その議会における協調・討論を通して合意を形成することが重要であると考える。この考えにおいては，多様な民意を政策意思へ統合すること，すなわち多数派形成は国民の代表機関である議会における政党間の協調・妥協に委ねられる。2つめは，(d)選挙の結果に従って政権交代が行われることが重要であるとする考え方である。各政党は ③ （政権公約）を有権者に示すと同時に，党首を首班指名候補者として選挙戦を戦うという形で，(e)選挙時に多数派が形成され，政権の選択がなされる。公職選挙法は選挙において政党に特別の地位を認めているが，これ以外にも，政党に関しては ④ （1948年），政党助成法（1994年）などで，法律で特別の規律がなされている。

❶

(1)①＿＿＿
②＿＿＿
③＿＿＿
④＿＿＿
(2)＿＿＿
(3)＿＿＿

ヒント
(1)①1976年の，航空機売り込みのための贈賄事件。
②保守政党どうしの抗争が終わりを告げ，自民党の長期政権へ向かった。
③宮沢内閣の解散・総選挙の結果，自民党が政権を失った。
④自由放任主義の経済政策に基づく。

❷

(1)①＿＿＿
②＿＿＿
③＿＿＿
④＿＿＿
(2)＿＿＿
(3)＿＿＿
(4)①＿＿＿
②＿＿＿
③＿＿＿
(5)＿＿＿

ヒント
(1)①マックス・ウェーバーによる類型。
②代議制，議会制民主主義ともいう。

4章 現代日本の政治　43

(1) ①～④にあてはまる語句を，ア～ケから１つずつ選びなさい。
　ア　マニフェスト　　イ　直接民主　　ウ　大衆政党　　エ　国会法
　オ　間接民主　　カ　政治資金規正法　　キ　イギリス
　ク　名望家政党　　ケ　プロパガンダ
(2) 下線部(a)について，農業団体・経営者団体が，それぞれの本来の目的を実現するために政治に働きかけるとき，その団体は何とよばれるか。
(3) 下線部(b)について，日本国憲法が政党の存在を当然に予定していると考えられる根拠を，ア～エから２つ選びなさい。
　ア　前文その他で，議会制民主主義を採用している。
　イ　第65条で，「行政権は，内閣に属する」としている。
　ウ　第21条で，結社の自由を保障している。
　エ　第81条で，裁判所に違憲法令審査権があたえられている。
(4) 下線部(c)・(d)の考え方について，次の①～③のうち，正しく述べたものに○を，間違って述べたものに×を書きなさい。
　① 下線部(c)に最も適合する選挙制度は比例代表制である。
　② 下線部(d)が想定するのは多党制である。
　③ 下線部(d)に最も適合するのは単独政権である。
(5) 下線部(e)について，衆議院議員選挙で導入されている選挙制度を，まとめて何とよぶか。

❸ 〈世論と政治参加〉
次の文を読み，あとの問いに答えなさい。　▶▶▶わからないとき→p.40～41
〔(4)7点，他各4点　計35点〕

　行政から住民への情報提供が十分ではないなかで，(a)マスメディアは，知る権利の担い手として政治や行政，住民の活動や事件に関わる情報を住民に提供するとともに，住民に対して問題解決のための主張をすることにより　①　を形成する。マスメディアは，立法・行政・司法に大きな影響をあたえることから「　②　の権力」として，その責任の重さを自覚しなければならないが，住民も，メディア・　③　を身につけて情報を取捨選択し，(b)民主主義の主体としての自覚をもち，政治的　④　に陥ることのないようにしなければならない。

(1) ①～④にあてはまる語句を，ア～クから１つずつ選びなさい。
　ア　リテラシー　　イ　第三　　ウ　第四　　エ　コンプライアンス
　オ　無関心　　カ　世論　　キ　公約　　ク　空白
(2) 下線部(a)について誤って説明したものを，ア～エから１つ選びなさい。
　ア　マスメディアはさまざまな権力や圧力に屈してしまうことがある。
　イ　マスメディアはそれぞれ独自の調査を行い，国民の意見を集約している。
　ウ　マスメディアは誤報により人々に迷惑をかけることはない。
　エ　マスメディアは興味本位に報道することがある。
(3) 下線部(b)について，人々の要求の実現をはかるために行われる，次の①・②のような運動をそれぞれ何とよぶか，答えなさい。
　① 公害問題など特定地域の具体的な問題を争点として行われる運動。
　② 環境保全・平和・福祉など公益の実現をめざして，市民が自主的に行う運動。
(4) 下線部(b)に関連して，NPOとはどのような団体か，説明しなさい。

---

④政治活動に関する献金の制限を定め，政治団体の収支報告を義務づける。
(3)これらのほか，第66条第3項，第67条，第69条の議院内閣制の規定もあてはまる。
(4)小政党も議席を獲得しやすい比例代表制を採用している場合，二大政党（単独政権）は実現しにくい。
(5)小選挙区比例代表並立制においては重複立候補制度によって双方の制度が一部連動しているため，本来は政党への投票を促進する目的で導入された比例代表においても，候補者が依然として個人的な集票行動に走る傾向が強い。

❸
(1)①　　　　　　
　②　　　　　　
　③　　　　　　
　④　　　　　　
(2)　　　　　　
(3)①　　　　　　
　②　　　　　　
(4)　　　　　　

ヒント
(1)②新聞が強い影響力をもつ勢力となった18世紀のイギリスで生まれた言葉といわれる。
　③「利用能力」を意味する言葉。
　④アパシーともいう。
(3)②地球環境問題への関心の高まり，情報公開の進展などの影響で，この運動がめざましく活発化している。

5章 現代の国際政治

16 国際社会と国際法

解答 別冊p.10

※＝さらにくわしい説明，◆＝解答を導くためのヒント

❗ 重要語句でチェック

1 国際社会の成立

①**国家の主権の確立** 1648年の[❶　　　　　条約]で，それぞれの国家が[❷　　　　]をもち(主権国家)，互いに独立・平等な立場で国際社会を形成するしくみが認められる。

②**国際政治**※2 国家の力が作用する[❸　　　　](パワー・ポリティクス)の下，同盟や軍拡によって軍事力を均衡させて紛争の危険性を低減させる[❹　　　　]◆2(バランス・オブ・パワー)政策が考え出された。

③**主権国家の形態** 絶対主義国家※3が市民革命を経て，国家と国民が一体となった[❺　　　　]へと成長。国民としての一体感と外国に対する独立性を強調する[❻　　　　]◆3(国民主義)が広がった。

④**国際権力政治** 19世紀末以降，ヨーロッパで[❹]の考えに基づく植民地拡大・軍拡競争が展開。第一次世界大戦後には[❼　　　　の原則]が主張された。戦後は国際連盟※4が創設され，国際協調へ進んだが，再び軍拡競争へ向かい，第二次世界大戦がおこる。

2 国際法と主権国家体系

①**国際社会の秩序** [❽　　　　]◆4が，『戦争と平和の法』を著し，国際法の基礎を築く。初期には，内政不干渉の原則，公海自由の原則など明文化されていない[❾　　　　]を中心として発達。19世紀からは，明文化された国家間の合意である条約が多く結ばれる。

②**現代の国際法**※5 [❾]の条約化が進む。第二次世界大戦後，国際連合の下におかれた[❿　　　　]◆5(ICJ)が，国際法の解釈に関する判断基準を示している。2003年には，国際人道法に反する個人の犯罪を裁くため，[⓫　　　　]◆6(ICC)がおかれた。

③**地球社会の成立** 情報通信技術の発達にともない，国境を越えた人々の連携が広まり，国際法も[⓬　　　　]を重視するようになった。国家間の相互依存は深まり，地球的問題の解決へ向けて協力が求められる。

出る

※1 **主権国家** 他国からの干渉を受けない独立した国家。主権と領土が明確化され，近代国家の原型となった。

※2 **国際政治** 各国の政府が協調をはかりながら，国家利益(ナショナル・インタレスト)の実現へ向けて努力する。

※3 **絶対主義国家** 16〜17世紀の主権国家における，君主が絶対的な支配権力をもつ体制。

※4 **国際連盟** 取り決めに違反した国に対して，集団的な制裁を加えることで，平和を維持する集団安全保障が試みられた。

※5 **国際法** 国連海洋法条約(1994年発効)のような新しい法秩序が形成された。

◆1 1618〜48年におこった三十年戦争を終結させた条約。ヨーロッパの多くの国が参加し，初めて主権国家の原則を明文化。

◆2 1814〜15年のウィーン会議後のヨーロッパでとられるようになった政策である。

◆3 地域によっては，民族の一体性を強調する民族主義，他民族のことをかえりみない自民族中心主義へと変質していった。

◆4 16〜17世紀のオランダの法学者。

◆5 任期9年の15人の裁判官で構成される。

◆6 人道に対する罪，集団殺害罪，侵略の罪などが対象となる。オランダのハーグに常設されている。

📍Point

▶国際社会の変化…勢力均衡政策→集団安全保障
▶国際法…国際慣習法と条約

図表でチェック

法の種類

	国際法（国家間の関係を規律する）	❶_____（国内のみに効力をおよぼす）
法の種類	❷_____…国家間の文書による合意 国際慣習法…明文化されていない国家間の合意	憲法・法律・条例など
立法機関	統一的な機関はないが，国際連合における条約の制定，国家間の合意などによる	議会
司法機関	国際司法裁判所が取り扱う （当事国の❸_____が必要）	裁判所が取り扱う（当事者が訴えることによって裁判が始まる）
行政機関	なし（国際連合が一部を補完している）	政府
法の執行機関	なし（安全保障理事会が一部を補完している）	警察・裁判所など

国際法の種類

❷	❷_____，協定，議定書，規約，宣言などの，国家間の文書による合意	・二国間❷_____…日米安全保障条約など ・多国間❷_____…国際連合憲章，国際人権規約など
国際慣習法	国家間の一般的❹_____が拘束力のある法として認められたもの	・内政❺_____の原則 ・❻_____自由の原則 ・❼_____の無害通航権 ・無主地の先占など

正誤判断でチェック

内容の合っているものには○，誤っているものには×をつけよう。

① ウェストファリア条約は，ヨーロッパにおいて，主権国家を構成単位とする国際社会の成立を促した。（センター本試）　[　]

② オランダの法学者グロティウスは『戦争と平和の法』を著し，近代国際法の形成に貢献したため，「国際法の父」ともよばれる。（早稲田大）　[　]

③ 条約を批准するにあたっては，その条約の特定の規定の法的効果を，自らの国についてのみ排除したり変更したりすることが認められる。（近畿大）　[　]

④ 国連加盟国の過半数の国が批准した条約には，その条約を批准していない国に対する拘束力が認められる。（近畿大）　[　]

⑤ 国際連合の主要な司法機関として国際司法裁判所が存在するが，紛争当事国双方の同意がなければ裁判を行えず，さらに，紛争当事国に対して拘束力をもつ判決を下すことができないなどの限界がある。（早稲田大）　[　]

⑥ 国家間や国内の紛争などにおいて重大な非人道的行為を犯した個人を裁く常設の裁判所である国際刑事裁判所は，2002年7月の国際刑事裁判所設立条約の発効を受けて，2003年3月にブリュッセルで発足した。（早稲田大）　[　]

17 国際連合と国際協力

解答 別冊p.11

※=さらにくわしい説明，◆=解答を導くためのヒント

重要語句でチェック

1 国際平和機構の成立

①**国際連盟の成立** 国際連盟は，第一次世界大戦後，アメリカ大統領[① 　　　　　]が発表した平和14か条に基づき，42か国の参加により発足。武力行使を禁止した条約に違反した国に対して集団的な制裁を加えることにより，平和を維持する集団安全保障を試みる。

②**国際連盟の組織** 全加盟国からなる総会，戦勝国などからなる理事会は，議決に[② 　　　　]の方法をとったため，有効な措置をとることができず，第二次世界大戦の発生を防げなかった。

③**国際連合の成立** 第二次世界大戦中に発表された大西洋憲章の考えを引きつぎ，1945年のサンフランシスコ会議で[③ 　　　　　]を採択し，51か国の加盟で国際連合（国連）が発足。

④**国際連合の組織** [④ 　　　　]では全加盟国が1国1票の投票権をもつ。[⑤ 　　　　　]は5常任理事国と10非常任理事国で構成される。大国一致の原則に基づき，常任理事国には[⑥ 　　]権がある。[⑦ 　　　　　]の下には，UNESCO，FAO，WHOなどの専門機関がおかれ，経済・社会分野での国際連携をはかる。

⑤**国際連合の課題** [⑧ 　　　　]主義のゆらぎ，分担金の滞納など。

2 国際連合と平和の維持

①**国連総会の機能** 安全保障理事会が[⑥]発動により機能しなくなったとき，総会は[⑨ 　　　　]決議を発して，平和のための集団的措置を加盟国に勧告することができる。

②**軍事的強制措置** [③]には，特別協定に基づく[⑩ 　　　　]（UNF）の創設が規定されているが，今まで設置されたことはない。

③**平和の維持・監視** [⑪ 　　　　]（PKO）には，紛争の拡大を防ぐ国連平和維持軍（PKF），停戦監視団，選挙監視団などがある。湾岸戦争では，安全保障理事会の決議で[⑫ 　　　　]が結成された。

④**国際協力** 国連貿易開発会議（UNCTAD）や国連開発計画（UNDP）によって発展途上国への援助を進めてきた。「人間の安全保障」の考えから貧困の解決をはかる[⑬ 　　　　　]（MDGs）を定めた。

※1 **平和14か条** 国際機関の設立，民族自決の原則，秘密外交の禁止などを示した。

※2 **集団安全保障** これに対して，国連憲章に定められた集団的自衛権は，同盟関係にある国が攻撃された場合に，自国が攻撃されていなくても共同防衛にあたる権利である。

※3 国際連盟の欠陥としてはこのほか，決定は単なる勧告でしかなく，軍事的措置がとれないこと，大国のアメリカが加盟しなかったことなどがある。

※4 **国際連合の組織** このほか，信託統治理事会，事務局，国際司法裁判所などがある。

※5 **5常任理事国** アメリカ，ロシア，中国，イギリス，フランスからなる。

※6 **UNESCO** 国連教育科学文化機関。

※7 **FAO** 国連食糧農業機関。

※8 **WHO** 世界保健機関。

※9 軍事力を用いず，経済的復興や開発をはかることにより紛争の再発を防ぐ「平和構築」の方法がとられている。

・・・

◆1 常任理事国のうち1国でも反対すれば決議は成立しないとされる。この権利の行使により，冷戦時代には安全保障理事会の機能がしばしば停止した。

◆2 多くの国々の合意に基づいて，世界の平和を維持するという原則。

◆3 1950年，朝鮮戦争の際に総会で採択された。

Point
▶国際連盟の欠陥…全会一致制，軍事制裁がない
▶国際連合の安全保障理事会…大国一致の原則，拒否権

5章 現代の国際政治 | 47

図表でチェック

国家間の力関係

力関係	時　期	しくみ
同盟による ❶ [　　]	17〜19世紀のヨーロッパ	同盟により力を強めた陣営に対抗し，他の陣営も同盟を結ぶ。
❷ [　　]	第一次世界大戦後	違法に武力行使した国に対して，世界平和機構の全加盟国が制裁を行う。

国際連合の機構

国連加盟国数（2013年）
アジア…39
アフリカ…54
ヨーロッパ…39
北アメリカ…23
南アメリカ…12
オセアニア…14
CIS…12
合計193か国

❸ [　　]
安全保障理事会
- 軍縮委員会（UNDC）
- 軍事参謀委員会
- 平和維持活動（PKO）

信託統治理事会

国際司法裁判所

総会
- 主要委員会
- 常設・手続き委員会
  - 2006年に設立 国連人権理事会（UNHRC）
  - 宇宙空間平和利用委員会
  - 平和維持活動特別委員会
  - 武力不行使原則に関する特別委員会
  - 人種差別撤廃委員会
  - その他
- 国連パレスチナ難民救済事業機関（UNRWA）
- ❹ [　　] 国連貿易開発会議
- 国連児童基金
- 国連難民高等弁務官事務所（UNHCR）
- ❺ [　　] 国連人権高等弁務官事務所（UNHCHR）
- 国際海底機関（ISBA）
- 国際刑事裁判所（ICC）
- 国連開発計画（UNDP）
- 国連人口基金（UNFPA）
- 国連環境計画（UNEP）
- 国連大学（UNU）
- 国連ボランティア（UNV）
- 国連ハビタット（UN-HABITAT）
- 国連合同エイズ計画（UNAIDS）
- 世界食糧計画（WFP）

- ルワンダ国際刑事裁判所
- 旧ユーゴスラビア国際刑事裁判所
- 国際原子力機関（IAEA）

経済社会理事会
- 世界貿易機関 ❻ [　　] ❼ [　　]
- 【専門機関】
- 国際労働機関 ❽ [　　]
- 国連食糧農業機関（FAO）
- 国連教育科学文化機関 ❾ [　　]
- 世界保健機関
- 国際開発協会（第二世界銀行）（IDA）*
- 国際復興開発銀行（世界銀行）（IBRD）*
- 国際金融公社（IFC）* 　*世銀グループ
- 国際通貨基金 ❿ [　　]
- 国際民間航空機関（ICAO）
- 万国郵便連合（UPU）
- 国際電気通信連合（ITU）
- 世界気象機関（WMO）
- 国際海事機関（IMO）
- 世界知的所有権機関（WIPO）
- 国際農業開発基金（IFAD）
- 国連工業開発機関（UNIDO）
- 多国間投資保証機関（MIGA）*
- 国際投資紛争解決センター（ICSID）*
- 世界観光機関（UNWTO）

地域経済委員会　機能委員会

正誤判断でチェック

内容の合っているものには○，誤っているものには×をつけよう。

① 安全保障理事会は，表決手続として全会一致制を用いる。（センター本試）　　　[　]

② 信託統治理事会は，冷戦後の新たな信託統治地域の設定にともない，活動範囲を拡大している。
（センター本試）　　　[　]

③ 経済社会理事会と提携関係にある専門機関として，世界保健機関（WHO）や国際開発協会（IDA）などが設置されている。（センター本試）　　　[　]

④ 国連貿易開発会議は，OECDを改組してつくった，先進国の経済協力の組織で，加盟各国の経済発展と貿易の拡大，発展途上国援助の促進と調整をはかることが目的である。（中央大）　　　[　]

⑤ 総会が機能停止に陥った場合には，総会があらかじめ採択した「平和のための結集」決議に基づき，安全保障理事会が特別会を開くことができる。（センター本試）　　　[　]

⑥ 国際連合は，兵力引き離しなどによって紛争の拡大防止をはかるため，平和維持軍（PKF）を派遣する場合がある。（センター本試）　　　[　]

18 国際政治の動向

解答 別冊p.11

重要語句でチェック

※＝さらにくわしい説明，◆＝解答を導くためのヒント

1 冷戦体制

①**東西冷戦の始まり** 第二次世界大戦後，イギリスのチャーチル首相の「鉄のカーテン」※1演説により，自由主義を掲げるアメリカ（西側陣営）と，共産主義を掲げるソ連（東側陣営）が対立する冷戦体制が生じる。

②**西側陣営の政策** 1947年以降，アメリカのトルーマン大統領によって，共産主義封じ込め政策である [❶　　　　　　] ◆1 が打ち出された。さらに，[❷　　　　　　]（NATO）を結成。

③**東側陣営の政策** [❸　　　　　　]（国際共産党情報局）を結成。[❷]に対抗し，[❹　　　　　　]（WTO）を結成。

④**平和共存へ** 朝鮮戦争，インドシナ戦争，ベトナム戦争などがおこり，冷戦は実際の武力衝突をともなう「熱戦」となる。核戦争の脅威※2が高まると，緊張緩和※3（[❺　　　　　　]）が試みられた。

⑤**多極化** 1960年代，東側陣営のなかで [❻　　　　　　] 対立 ◆2 が表面化。チェコスロバキアでは民主化運動※4がおこる。西側陣営ではフランスがNATOの軍事機構から脱退。欧州共同体（EC）によるヨーロッパ統合も始まる。

⑥**「第三世界」** 1955年，インドネシアで [❼　　　　　　]（バンドン会議）が新興29か国によって開催され，平和10原則※5を採択して，非同盟中立の立場を表明した。これらの国々を「第三世界」とよぶ。

2 冷戦の終結

①**冷戦の終結** 1987年，米ソ間で中距離核戦力（INF）全廃条約が締結された。1989年の [❽　　　　　　] で，アメリカのブッシュ大統領，ソ連のゴルバチョフ書記長が，冷戦の終結を宣言。敗戦後のドイツを東西に分断していた「ベルリンの壁」が崩壊し，翌年には東西ドイツが統一。1991年，ソ連が解体し，[❾　　　　　　]（CIS）が発足。

②**冷戦後の世界** ヨーロッパでは，ECが [❿　　　　　　]（EU）へ発展。アジアでは，⓫ [　　　　　　]（ASEAN）加盟国 ◆3 などが参加した ⓬ [　　　　　　]（APEC）の役割が増した。

③**対テロ戦争** 2001年9月11日に ⓭ [　　　　　　] が発生したアメリカは，単独行動主義（ユニラテラリズム）※6の傾向を強め，イラクを攻撃※7。

※1 **「鉄のカーテン」演説**
北はバルト海のシュテッティンから南はアドリア海のトリエステにいたるまで，ヨーロッパを横断して鉄のカーテンが下ろされている。

※2 **核戦争の脅威** 1962年には，米ソが核戦争の危機に直面するキューバ危機が発生し，米ソ間でホットライン協定が結ばれた。

※3 **緊張緩和** 1955年には，米英仏ソ首脳によるジュネーブ4巨頭会談を開催。米中関係も改善され，1979年に国交回復。

※4 **民主化運動** 「プラハの春」とよばれる。WTO軍に鎮圧された（チェコ事件）。

※5 **平和10原則** 1954年の平和5原則を発展させたもの。基本的人権と国連憲章の尊重，主権と領土の保全，人種と国家間の平等，内政不干渉など。

※6 **単独行動主義** 国際法や他国との協調を無視する動き。

※7 **イラク攻撃** 2003年，国連の容認がないまま攻撃し，フセイン政権を崩壊させた。

◆1 ギリシャ，トルコの共産主義化を防ぐため，両国への経済・軍事援助の必要性を説いた。これとともに西ヨーロッパの戦後復興を支援するマーシャル・プランを打ち出した。

◆2 1950年代末から国際共産主義運動の路線が対立した。

◆3 ASEAN加盟国に日本・アメリカ・韓国・中国・ロシアを加えたASEAN地域フォーラムも，1994年に第1回の会合が開催されている。

Point
▶冷戦体制…東西の対立。ドイツ，朝鮮半島の分断など
▶冷戦の終結…東西ドイツ統一，ソ連解体

図表でチェック

第二次世界大戦後の国際政治

年	動き	年	動き
1945	第二次世界大戦の終結	1972	ニクソン大統領の中国訪問
1946	チャーチル（イギリス）の「鉄のカーテン」演説	1973	第四次中東戦争
1947	トルーマン・ドクトリンの発表	1975	第1回 ❻_____（CSCE）の開催
	コミンフォルムの設置	1979	米中国交正常化，ソ連の ❼_____ 侵攻
1948	❶_____半島が南北に分断		
1949	NATOの結成，中華人民共和国の成立	1980	イラン・イラク戦争
1950	❶ 戦争	1987	❽_____ 条約の調印
1954	ジュネーブ協定でインドシナ戦争が休戦		
1955	アジア・アフリカ会議，ワルシャワ条約機構の結成，ジュネーブ4巨頭会談	1989	「❷の壁」の崩壊，マルタ会談（冷戦終結）
		1990	東西 ❾_____ の統一
1956	ハンガリー動乱	1991	湾岸戦争，ワルシャワ条約機構の解体，南北朝鮮の国連加盟，❿_____ の解体
1961	「❷_____ の壁」の構築		
1962	❸_____ 危機	1992	ユーゴスラビアの解体
1965	❹_____ 戦争の激化	1993	イスラエルとPKOの相互承認
1966	フランスがNATOの軍事機構から脱退	2001	⓫_____ で同時多発テロ
1968	「プラハの春」の鎮圧（❺_____ 事件）	2003	⓬_____ 戦争
1969	中ソ国境紛争	2010	中東・北アフリカの民主化運動
1971	中華人民共和国が国連代表権獲得		

正誤判断でチェック

内容の合っているものには○，誤っているものには×をつけよう。

① 東西両陣営の対立する冷戦期には，国連は，マーシャル・プランに基づき，米ソ間の緊張緩和をめざす努力を続けた。（センター本試） [ ]

② 西側陣営の軍事同盟である北大西洋条約機構（NATO）に対し，東側は，ワルシャワ条約機構（WTO）を設立した。（法政大） [ ]

③ 相次いで独立を果たした旧植民地諸国は，バンドン会議で「平和10原則」を発表し，内政不干渉，国際紛争の平和的解決などを主張した。（センター本試） [ ]

④ 1980年代のチェコスロバキアで「プラハの春」が起こり，共産党政権が崩壊した。（センター本試） [ ]

⑤ 1980年代のソ連で，ゴルバチョフ共産党書記長がペレストロイカやグラスノスチを提唱し，国内改革を推進した。（センター本試） [ ]

⑥ イラクのクウェート侵攻によって生じた湾岸危機に対して，アメリカは軍事行動をとらなかった。（センター本試） [ ]

19 核兵器と軍縮

解答 別冊p.11

※＝さらにくわしい説明，◆＝解答を導くためのヒント

❗ 重要語句でチェック

1 核兵器開発競争と軍縮

①「**恐怖の均衡**」 第二次世界大戦末期，史上初の原子爆弾が広島と長崎に投下された。戦後もアメリカとソ連は，核報復の脅迫によって戦争の抑止をはかる[❶　　　　　]論に基づき，核兵器開発競争を続けた。さらに，イギリス，フランス，中国も核兵器保有国となる。

②**反核運動** 1954年の第五福竜丸事件（ビキニ事件）をきっかけにして，[❷　　　　　]運動が高まる。翌年，広島で[❷　　　]世界大会が開催。核廃絶へ向けて科学者たちの結集がよびかけられ（ラッセル・アインシュタイン宣言），1957年，カナダで[❸　　　　　]会議が開かれた。

③**軍備管理の動き** 1963年には，アメリカ，ソ連，イギリス間で一部の核実験の禁止を定めた[❹　　　　　]（PTBT）を，1968年には核保有国の拡大を防ぐ[❺　　　　　]（NPT）を締結。その後，戦略兵器制限条約（1972年にSALT I，1979年にSALT II）が米ソ間で調印された。1978年には[❻国連　　　　　]が開かれた。1987年には[❼　　　　　]条約が結ばれた。これは，初の核軍縮を定める条約であった。

2 冷戦終結後の軍縮

①**20世紀の核軍縮** 1990年，NATOとWTOの加盟国がヨーロッパの通常兵器を削減する[❽　　　　　]条約を締結した。配備済みの戦略核の一部を廃棄する[❾　　　　　]条約（START I（1991年），START II（1993年，未発効））を，米ソ間で締結。NPTの再検討を進め，1996年に国連総会で，爆発をともなう核実験を全面的に禁止する[❿　　　　　]条約（CTBT）を採択した。

②**21世紀の核軍縮** 米ソは2002年の[⓫　　　　　]条約（モスクワ条約）で，戦略核兵器の核弾頭数を約3分の1に削減することに合意。2010年には，START I の失効を受け，新STARTを締結した。

③**非核兵器地帯条約** 域内諸国の核兵器の使用，核保有国による核兵器の使用などを禁じた[⓬　　　　　]が拡大している。

④**核軍縮の課題** 核実験を行うなど，核軍縮の動きに逆行する国がある。

Point
▶冷戦期の核軍縮…PTBT, NPT, SALT I・II, INF全廃条約
▶冷戦後の核軍縮…START I・II, CTBT

※1 **第五福竜丸事件** アメリカが太平洋のビキニ環礁で行った水爆実験により，日本のマグロ漁船第五福竜丸が被曝した。

※2 **軍備管理** 軍備を縮小する「軍縮」とは異なり，国どうしの交渉によって軍備の増強をおさえ，安定した力関係を確保しようとする試み。

※3 **新START** 新戦略兵器削減条約。START I の失効後とだえていた核査察を再開した。ただし，核戦力の保有数そのものを削減するのではなく，配備数を規定した条約。戦略核弾頭の削減に加え，運搬手段を制限した。

※4 **逆行する国** パキスタン，インド，北朝鮮など。

・・・

◆1 イギリスの思想家ラッセルとアメリカの物理学者アインシュタインのよびかけに応じて，世界の科学者が集まり，核兵器の危険性と科学者の責任について話し合った。

◆2 核保有国（アメリカ，ソ連，中国，イギリス，フランス）以外の国が，核兵器保有国となることを禁じ，国際原子力機関（IAEA）による原子力の軍事転用を防ぐための査察実施などを定めた。

◆3 1998年に核実験を行ったインド，パキスタン，核保有が疑われるイスラエルなどが未加入である。また，北朝鮮はこの条約から脱退した後に核実験を強行した。

◆4 これまで中・南アメリカ，南太平洋，東南アジア，アフリカ，中央アジアの各地域で結ばれた。モンゴルは一国で宣言している。

図表でチェック

軍縮・平和運動の歴史

年	動き	年	動き
1946	国際連合が軍縮大憲章を採択	1978	第1回国連軍縮特別総会
1950	原子力兵器絶対禁止の署名運動	1979	第2次戦略兵器制限条約（❺Ⅱ）調印
1954	アメリカがビキニ環礁で❶　　　実験、第五福竜丸が被曝する	1981	ヨーロッパで大規模な❻　　　運動
1955	ラッセル・❷　　　宣言、第1回原水爆禁止世界大会	1987	アメリカ、ソ連が中距離核戦力（INF）全廃条約調印
1957	パグウォッシュ会議	1990	欧州通常戦力（CFE）条約調印
1963	アメリカ、ソ連、❸　　　が部分的核実験禁止条約に調印	1991	戦略兵器削減条約（❼　　　Ⅰ）調印
		1993	アメリカ、ロシアが❼Ⅱ調印
1968	核拡散防止条約（❹　　　）調印	1996	包括的核実験禁止条約（❽　　　）採択
1972	アメリカ、ソ連が第1次戦略兵器制限条約（❺　　　Ⅰ）調印	2002	アメリカ、ロシアが戦略攻撃兵器削減条約調印
		2010	アメリカ、❾　　　が新戦略兵器削減条約（新START）調印

核保有国と非核地帯

- 中央アジア非核兵器地帯条約（2006年）❿
- バンコク条約（東南アジア非核兵器地帯条約）（1995年）
- トラテロルコ条約（中南米核兵器禁止条約）（1967年）
- ペリンダバ条約（アフリカ非核兵器地帯条約）（1996年）⓫
- ラロトンガ条約（非核地帯条約）（1985年）⓬
- 南極条約（1959年）

正誤判断でチェック

内容の合っているものには○，誤っているものには×をつけよう。

① アメリカのオバマ大統領のよびかけで，核兵器廃絶をめざすパグウォッシュ会議が開催された。
（関東学院大）　　［　　］

② 核拡散防止条約では，国家間の力関係を均衡させることで，侵略を相互に抑制する立場に基づき，各締約国が保有できる核戦力の上限を設定する取り決めがなされた。（センター本試）　　［　　］

③ 米ソ間の戦略兵器制限交渉（SALT）は，保有する核兵器の廃棄もしくは削減を取り決めたものではなく，戦略攻撃兵器や戦略核兵器運搬手段の保有に上限を設定したものであった。（東洋大）　　［　　］

④ 非核地帯を設定する条約は，ラテンアメリカ，西アジア，東南アジアなどの各地域で採択された。
（センター本試）　　［　　］

20 人種・民族問題

解答 別冊p.12

※=さらにくわしい説明，◆=解答を導くためのヒント

！重要語句でチェック

1 民族の排斥と融和

①**民族主義・人種主義** 南アフリカ共和国で[❶　　　◆1　　　]とよばれる人種隔離政策が行われてきたが，1994年に撤廃。西アジアの複数の国々にわたって分布する[❷　　◆2　　人]のように，国家を形成できない民族も残されている。

②**多民族国家の解体** 1990年代初め，ソ連と[❸　　◆3　　]の解体によって民族対立がおこり，本国から離れて保護を求める難民が大量に発生した。これに対して国際連合は，難民の地位に関する条約（難民条約）を採択し，[❹　　　　　　　　事務所]（UNHCR）を設置した。近年は内戦などにより，国内で避難生活を送る国内避難民も増加。※1

③**ノン・ルフールマンの原則**※2 難民条約の締約国は，迫害のおそれのある国への難民の送還を禁止されている。

④**新しい排外主義** 民族的・文化的少数者（[❺　　　　　　　]）を排除しようとする[❻　　　　　　　]（エスノセントリズム）が，西欧諸国で問題となっている。

⑤**多民族国家の政策** 異なる文化を尊重しあう[❼　　　　　　　]（マルチカルチュアリズム）を掲げ，公用語の複数化や母語による教育を進める。

2 地域紛争

①**冷戦終結後の紛争** 冷戦が終結すると，米ソが支配していた旧秩序が崩壊し，[❽　　　紛争]・民族紛争が各地で噴出した。

②**ユーゴスラビア** ボスニア・ヘルツェゴビナや[❾　　　　自治州]などで武力抗争が続いた。

③**アフリカ** 絶対的貧困を背景とする部族間紛争が，[❿　　　　　]やソマリアで発生した。

④**ロシア** ソ連解体後，[⓫　　　　　]などで独立をめざした紛争が激化した。

⑤**安全保障機構** 米州機構（OAS），全欧安保協力機構（OSCE），欧州連合（EU），ASEAN地域フォーラム（ARF），アフリカ連合（[⓬　　　　]）などが問題解決に取り組んでいる。

※1 紛争や迫害などによって母国から逃れ，すでに難民となっているが，避難先では保護を受けられない人々を，UNHCRの指導の下，第三国が定住先として受け入れる制度を第三国定住という。日本でも2010年以降，ミャンマー政府から迫害を受けてタイへ逃れたカレン族の難民の受け入れを始めた。

※2 **ノン・ルフールマンの原則** 難民条約第33条に定められている。

> 締約国は，難民を，いかなる方法によっても，人種，宗教，国籍もしくは特定の社会的集団の構成員であることまたは政治的意見のためにその生命または自由が脅威にさらされるおそれのある領域の国境へ追放しまたは送還してはならない。

◆1 南アフリカ共和国の人口の約14％にすぎない白人が，黒人やアジア系などの非白人を差別した政策。白人居住地域での有色人種の居住などが制限された。

◆2 シリア，トルコ，イラン，イラク，アルメニア，グルジア，アゼルバイジャン，トルクメニスタンにまたがる山岳地帯に分布する民族。国家をもたない民族集団としては世界最大である。

◆3 1991年にスロベニアとクロアチアが独立を宣言し，内戦が始まった。

Point

▶民族対立…多民族国家の解体→難民発生→UNHCRによる保護
▶冷戦終結後の紛争地…旧ソ連，旧ユーゴスラビア，アフリカなど

5章 現代の国際政治

図表でチェック

第二次世界大戦後の地域紛争

- ❶ ＿＿＿＿独立戦争（1954～62）
- ❷ ＿＿＿＿紛争（1980～）
- ❸ ＿＿＿＿紛争（1962）
- ❹ ＿＿＿＿紛争（1960～63）
- ❺ ＿＿＿＿内戦（1977～91）
- ❻ ＿＿＿＿内戦（1988～）

その他：ベルリン封鎖事件（1948～49）、ユーゴスラビア紛争（1991～99）、中ソ国境紛争（1969）、朝鮮戦争（1950～53）、キューバ危機（1962）、中越戦争（1979）、ベトナム戦争（1960～75）、エルサルバドル内戦（1980～92）、ニカラグア内戦（1979～90）、印パ戦争（1971）、アフガニスタン紛争（1979～89）、湾岸戦争（1991）、イラン・イラク戦争（1980～88）、中東戦争（1948～49, 56, 67, 73）、イラク戦争（2003）、フォークランド紛争（1982）

地域規模の安全保障機構

機　構	設立年	活　動
❼ ＿＿＿＿（OAS）	1951年	アメリカ，カナダ，全中南米の33か国加盟。共同防衛などの安全保障，経済・社会面の協力をめざしている。
❽ ＿＿＿＿（OSCE）	1994年	ソ連の提唱により，アルバニアを除く全ヨーロッパ諸国とアメリカ，カナダを加えた35か国が，1975年に全欧安保協力会議（CSCE）を開催。1994年よりOSCEに改称した。
❾ ＿＿＿＿（ARF）	1994年	ASEAN加盟国と，アメリカ，韓国，日本，中国などの26か国1機関が参加。アジア太平洋地域の安全保障をはかる。
❿ ＿＿＿＿（AU）	2002年	アフリカの政治・経済統合と紛争の予防をめざす。1963年設立のアフリカ統一機構（OAU）を改組して発足。

正誤判断でチェック

内容の合っているものには○，誤っているものには×をつけよう。

① 難民条約は，冷戦終結後に国連総会で採択された。（センター本試）　［　］

② 旧ユーゴスラビアで最初に独立を宣言したのは，モンテネグロである。（国士舘大）　［　］

③ ルワンダでは，少数派民族のフツ族に対して，多数派民族のツチ族が対抗して内戦となり，虐殺されたフツ族が80～100万人に達したとされている。（早稲田大）　［　］

④ 多文化主義は，文化的少数者集団（マイノリティ）を利益集団の1つとみなして，差別されている文化集団が選挙で多数票を獲得することによって，多文化政策が推進されることを奨励する。（早稲田大）　［　］

⑤ ASEAN地域フォーラム，アフリカ連合などに見られるように地域レベルでの安全保障の取り組みが活発化した。（学習院大）　［　］

21 国際政治と日本

解答 別冊p.12

※＝さらにくわしい説明，◆＝解答を導くためのヒント

❗重要語句でチェック

1 戦後の日本外交

①**国際社会への復帰** 1945年，連合国の[❶　　　　　　]を受諾して降伏した日本は，1951年に連合国と[❷　　　　　　]条約を結び，翌年に独立を回復。[❷]と同時に[❸　　　　　　]条約を結び，他国が日本の領土を攻撃してきた際，共同で対処することを約束。

②**国際連合への加盟** 1956年，[❹　　　　　　]の調印によりソ連との国交を回復し，国連への加盟を果たす。

③**日本外交の３原則** 戦後の日本は，国連中心主義，[❺　　　　　　]諸国◆1との協調，[❻　　　　　　]の一員としての立場の堅持を掲げた。

④**アジア諸国への責任と協力** 戦争で損害をあたえた国に対し，無償援助や[❼　　　　　]◆2支払いを行った。※1 1965年には[❽　　　　　]条約を結び，大韓民国を朝鮮半島にある唯一の合法政府と認めた。さらに，1972年，[❾　　　　　　]の調印で中国と国交を樹立，1978年には日中平和友好条約を締結した。

2 日本の安全保障と課題

①**対ロシア** ソ連解体後も，[❿　　　　　　]問題◆3が未解決のままである。

②**対アジア諸国** 朝鮮半島における分断状況は，東アジアの安全保障を不安定なものとしている。韓国は竹島，中国は尖閣諸島について，領有を主張している。[⓫　　　　　　]やASEAN＋3会議などの形で，アジア地域の安全保障体制の強化がはかられている。

③**課題** 日本の軍事支出※2の大きさは世界でも上位である。平和憲法を守りつつ，非軍事的な安全保障をはかることをめざす。日米関係を重視する一方で，アメリカの単独行動主義的な行動には距離をおく必要もある。

④**国際貢献** 歴史的反省に根ざし，「[⓬　　　　]の安全保障」の考えに基づく貧困の解決，紛争の防止などに努めなければならない。

⑤**国際社会の変化** 国家間の経済的交流が進む。モノ・カネ・人による国境を越えた移動が加速し，各国が互いに頼りあう[⓭　　　　　　]が深まり，地球市民社会が意識されてきている。

※1 1990年代に入ると，中国・韓国などから，元従軍慰安婦や強制連行労働者に対する戦後補償を求める訴訟が，日本政府に対しておこされるようになった。

※2 **日本の軍事支出** 日本の国防支出は，アメリカ，中国，イギリス，ロシアに次いで世界第５位となっている（2012年）。

◆1 国民主権に基づく民主主義，財産権などの自由権に基づく資本主義を支える考えをもつ国々。

◆2 フィリピン，南ベトナム，インドネシア，ビルマ（現ミャンマー）との間には，国家から国家への形で賠償を行う賠償協定を結んだ。これ以外の国は賠償請求権を放棄したので，経済支援を行った。

◆3 歯舞群島，色丹島，国後島，択捉島をめぐる問題。
日ソ共同宣言第９項
ソ連との平和条約締結後に，歯舞群島及び色丹島を日本に引き渡すことに同意する。

Point

▶**日本外交の３原則**…国連中心主義，自由主義諸国との協調，アジアの一員としての立場の堅持
▶**戦争責任**…アジア地域の安全保障，「人間の安全保障」の考えに基づく援助

図表でチェック

第二次世界大戦後の日本の外交・安全保障

年	動き	年	動き
1945	日本がポツダム宣言を受諾し敗戦	1965	日韓基本条約を結び，❻_____を朝鮮半島にある唯一の合法政府と認める
1950	❶_____戦争をきっかけに警察予備隊発足	1971	❼_____がアメリカから日本へ返還
1951	サンフランシスコ平和条約，日米安全保障条約を締結	1972	日中共同声明により❽_____との国交を樹立
1954	自衛隊が発足		
1955	関税と貿易に関する一般協定（❷_____）に加盟	1978	❽_____との間で❾_____に調印
		1992	自衛隊がカンボジアでのPKOに参加
1956	日ソ共同宣言により❸_____との国交を回復し，❹_____へ加盟	1995	村山首相が❿_____諸国への謝罪の意を表明
1960	日米相互協力及び安全保障条約に調印	2002	日朝首脳会談
1964	経済協力開発機構（❺_____）に加盟	2003	有事法制関連3法が成立

日本の領域

（地図）
- 択捉島（日本の北端）
- 韓国（韓国との間で対立）⓫_____
- 北方領土 ⓬_____（との間で対立）
- ⓭_____（中国との間で対立）
- 領海および⓮_____海里経済水域
- 南鳥島（日本の東端）
- 与那国島（日本の西端）
- ⓯_____（日本の南端）

正誤判断でチェック

内容の合っているものには○，誤っているものには×をつけよう。

① 日本は東南アジア諸国と賠償協定を結び，東南アジアに対する外交を進めた。（日本大）　[　]

② 日本は日ソ平和条約の締結によって，ソ連との国交を回復した。（日本大）　[　]

③ 日本は日韓基本条約を締結し，韓国政府を朝鮮半島にある唯一の合法政府と認めた。（日本大）　[　]

④ 増加する日本の防衛関係費を抑制するため，防衛関係費はGNPの1％以内とする原則が，1987年に中曽根内閣によってつくられた。（成蹊大）　[　]

⑤ 有事法制関連7法の1つであるPKO協力法に基づき，自衛隊が海外派遣されており，イラクにおける復興支援にもたずさわった。（駒澤大）　[　]

⑥ 発展途上国に支援を行うため，自衛隊の組織として青年海外協力隊がある。（センター本試）　[　]

5章 現代の国際政治 定期テスト対策問題

解答 別冊p.12〜13

1 〈国際社会と国際法, 国際連合と国際協力〉 ▶▶▶わからないとき→p.44〜47

次の文を読み, あとの問いに答えなさい。〔(2)7点, 他各4点 計47点〕

今日の国際社会の原型は, 1648年にドイツ三十年戦争を終結させた ① 会議において, 各国の主権の独立と平等が確認されたことで形成された。国民や民族の統合をはかることを目的とした, 自国・自民族本位の考え方を ② といい, 第一次世界大戦後には, アメリカ大統領ウィルソンが, 平和原則14か条において, ある民族が, 他の民族や国家の干渉を受けずに政治のあり方を決定する ③ の原則を示した。国際社会が形成されると, その秩序を維持し, 主権国家間の紛争を解決するルールとして国際法が発達した。オランダの自然法学者 ④ は, 『戦争と平和の法』を著し, 国家間の関係にも, 自然法に基づく法が存在するとして, 国際法の必要性を訴えた。国際法は, 長年にわたって国家間で慣習として行われてきた ⑤ と, 国家間での約束を文書にして確認した条約(成文国際法)とに大別される。国際法は当初, 統一的な立法機関や法を強制するための機関をもたなかったので, 主権国家に対する拘束力は弱かった。そこで, 19世紀末以降, 紛争の平和的解決のために, 国際法に基づいた司法的解決の制度が発達し, さらに, 国際社会をより組織化し, 国際機構による ⑥ 安全保障のしくみが発展した。1920年に発足した国際連盟は, 史上初の普遍的国際機構だったが, (a)国際紛争の解決には十分な成果をあげることができず, 国際機構による平和と安全という考えは, 国際連合へ受け継がれた。

1945年, サンフランシスコ会議で ⑦ が採択され, 国際連合が発足した。その第1条によれば, 国際連合の目的として, 国際の平和および安全を維持すること, 経済的・社会的・文化的または人道的性質を有する問題を解決するため国際協力を達成することなどがあげられている。この目的を達成するための国際連合の主要機関として, 安全保障理事会, (b)総会, 経済社会理事会, 信託統治理事会, ⑧ がおかれている。

(1) ①〜⑧にあてはまる語句を, ア〜セから1つずつ選びなさい。
  ア カント   イ 内政不干渉   ウ 国際司法裁判所   エ 集団
  オ 民族自決   カ 人間の   キ ユトレヒト   ク 国連憲章
  ケ 国際人権規約   コ ウェストファリア   サ 国際刑事裁判所
  シ 国際慣習法   ス ナショナリズム   セ グロティウス

(2) 下線部(a)の理由を, 議決方法の面から簡単に書きなさい。

(3) 下線部(b)によって設立された機関のうち, 発展途上国への援助にあたる機関を, ア〜エから2つ選びなさい。
  ア UNDP   イ ILO   ウ WHO   エ UNCTAD(アンクタッド)

2 〈国際政治の動向, 核兵器と軍縮〉 ▶▶▶わからないとき→p.48〜51

次の文を読み, あとの問いに答えなさい。〔各4点 計28点〕

第二次世界大戦後まもなく表面化した(a)東西冷戦は, 両陣営の軍拡競争を激化させ, アメリカとソ連は核実験を繰り返して核兵器の保有数と高性能化を

1
(1)①
  ②
  ③
  ④
  ⑤
  ⑥
  ⑦
  ⑧
(2)

(3)

ヒント

(1)①初の本格的な多国間条約が結ばれた国際会議。
③現代では1990年代のバルト三国の独立, ユーゴスラビアの解体に代表される。
⑤国際司法裁判所はこれを, 「法として認められた一般慣行の証拠としての国際慣習」と定義。
⑦第51条で集団的自衛権の行使を認めている。

(2)国際連盟は第二次世界大戦の発生を防げず, 第二次世界大戦中にはほとんど機能を失っていた。

(3)ほかに国連児童基金(UNICEF(ユニセフ)), 国際農業開発基金(IFAD), 国連工業開発機関(UNIDO)などが, 発展途上国の援助にあたっている。

2
(1)①
  ②

競った。さらに，1960年代には現在の国際連合安全保障理事会の常任理事国がすべて核保有国となった。1962年の ① 危機の際には，米ソ両国は核戦争の可能性を探ったといわれる。

　(b)これらの事件は結果的に，国際的な核兵器の規制を後押しすることになった。1968年には ② 条約が採択され，核保有国を5か国に限定し，それ以外の国が核兵器を製造・受領・取得することを禁止された。1996年には，あらゆる核実験を禁止する ③ 条約が国連総会で採択された。他方，核兵器の製造や取得のみならず，他国による配備も地域的に制限する試みとして，④ を設ける動きも南半球を中心に顕著である。こうした努力の一方で，③条約未加入のインドとパキスタンによる核実験の実施や，イランによる核開発疑惑など，現実には核拡散への懸念は大きい。2009年，アメリカの ⑤ 大統領は「核兵器なき世界」をめざすことを宣言した。

(1) ①〜⑤にあてはまる語句を，ア〜クから1つずつ選びなさい。
　ア　非核地帯　　イ　包括的核実験禁止　　ウ　プラハ
　エ　核拡散防止　オ　オバマ　　カ　部分的核実験禁止
　キ　ブッシュ　　ク　キューバ
(2) 下線部(a)について，東側陣営による政策・機構を，ア〜エから1つ選びなさい。
　ア　マーシャル・プラン　　イ　NATO
　ウ　コミンフォルム　　　　エ　トルーマン・ドクトリン
(3) 下線部(b)について，1960年代に東西両陣営が歩み寄り，冷戦が緩和された動きのことを何というか。

❸〈人種・民族問題，国際政治と日本〉　▶▶▶わからないとき→p.52〜55
次の文を読み，あとの問いに答えなさい。〔(1)各3点，他各4点　計25点〕

　1951年，① 平和条約によって日本が主権を回復すると同時に(a)日米安全保障条約が締結された。さらに，1956年には ② との国交を回復し，国際連合への加盟が認められた。1960年，日本は新安保条約に調印し，(b)アジアにおける反共軍事・経済同盟は維持された。1972年には ③ 県が日本に復帰したが，在日米軍基地の多くが，なおこの県に存在している。冷戦終結後，在日米軍は反共のためではなく，広範囲な(c)アジア・太平洋の政治的不安に対処することになった。1997年には新ガイドラインが決定され，米軍再編も提示された。

(1) ①〜③にあてはまる語句を，ア〜カから1つずつ選びなさい。
　ア　中華人民共和国　　イ　パリ　　ウ　沖縄　　エ　ソ連
　オ　サンフランシスコ　カ　鹿児島
(2) 下線部(a)は，日本外交の3原則のうち，どの原則に関わるものか。
(3) 下線部(b)について，日本に対する賠償請求権を放棄した国としてあてはまらないものを，ア〜エから1つ選びなさい。
　ア　フィリピン　　イ　シンガポール　　ウ　インド　　エ　中国
(4) 下線部(c)について，次の①・②にあてはまる国名を書きなさい。
　①　第三国定住の制度により，日本が2010年から試験的に難民を受け入れた。
　②　島根県に属する竹島を，国際法上の根拠なく不法に占拠し続けている。

6章 経済社会の変容

22 資本主義経済の成立と発展

解答 別冊p.13

※＝さらにくわしい説明，◆＝解答を導くためのヒント

❗ 重要語句でチェック

1 経済活動の意義

①**経済活動** 資本・[①]・土地からなる生産要素を用いて，生活に必要な財・[②]◆1などをつくり出す行為を，生産※1という。一方，財や[②]を購入し，生活の必要を満たす行為を[③]という。財や[②]を交換する場を[④]◆2という。

②**経済活動の意義** 経済活動において，何かを得るために何かをあきらめる状況を[⑤]という。他の選択肢を選んだために，得られたはずの収入を犠牲にすることを[⑥]◆3という。

2 資本主義・社会主義

①**資本主義経済の誕生** 生産・消費の調整を市場での自由な取引に委ねるしくみを[⑦]（資本主義経済※2）という。18世紀後半の産業革命※3をきっかけに成立。生産手段を所有する資本家階級と，労働力を商品として売る労働者階級に分化した。

②**アダム・スミス** 自由競争で社会の富が増えていく過程を神の「見えざる手」※4とし，[⑧]**主義**（レッセ・フェール）の考えを生む。

③**資本主義経済の変容** 19世紀以降，恐慌が発生する。企業間での競争が[⑨]◆4（技術革新）を促した。労働運動が激化し，労働条件が改善された。資本の集積，資本の集中で，独占資本主義が進行。

④**資本主義の修正** イギリスの経済学者ケインズによって，消費・投資などの[⑩]◆5の拡大が景気回復をもたらすことが唱えられた。資本主義が否定され，[⑪]**主義**◆6が生まれた。

⑤**社会主義経済の成立** ドイツの経済学者[⑫]は，社会主義に基づく計画経済※5への移行を唱えた。ソビエト連邦や中国が誕生。

⑥**社会主義経済の崩壊** 1980年代，ソ連において[⑬]（立て直し）がゴルバチョフによって掲げられ，政治・経済を自由化した。中国は，改革・開放政策を推進。

※1 **生産** 生産工程を多くの段階に分けて分担して製品を作る分業と，同じ工場で多くの労働者が計画的に協力して労働する協業によって行われる。

※2 **資本主義経済** 市場経済，私有財産制と利潤追求の自由，自由競争などを特徴とする。

※3 **産業革命** イギリスでおこった。エンクロージャー（囲い込み運動）によって土地を追われた農民が，都市労働者となった。

※4 **「見えざる手」** アダム・スミスが『諸国民の富（国富論）』のなかで述べた。重商主義を批判。

※5 **計画経済** 資源の配分，生産，所得の配分を国家の計画によって行う。

・・・

◆1 人間の必要を満たすために生産される，無形のもの。

◆2 限られた資源を多様な人間に効率的に配分する場として発展してきた。

◆3 最も効率的と考えられた用途の次に効率的と考えられた用途に投じれば，得られたはずの収益分である。

◆4 オーストリアの経済学者シュンペーターは，企業の「創造的破壊」が資本主義経済発展の原動力であるとした。

◆5 貨幣による購買力をともなった需要のこと。

◆6 政府が1つの経済主体として市場に介入する。混合経済。

Point

▶経済活動の意義…資本・労働力・土地を用いて財・サービスを生み出す
▶資本主義経済…自由放任主義→修正資本主義

図表でチェック

資本主義の発展と経済思想

時　期	変　化	経済思想	
～18世紀	保護貿易	【重商主義】	トマス・マン…国内産業を保護し，貿易差額によって資本を蓄積。
18世紀	❶[　　]革命， ❷[　　]階級と労働者階級の分化	【古典派経済学】	アダム・スミス…「夜警国家」，「❸[　　]政府」などの国家観を生む。
19世紀	❹[　　]貿易		リカード…比較生産費説 J.S.ミル…自由主義の理論を提示 【歴史学派経済学】リスト…保護貿易を主張
20世紀	技術革新(イノベーション)	【近代経済学】	❺[　　]…資本主義経済において，イノベーションが発展の原動力とした。
	自由放任の転換		❻[　　]…予定調和の資本主義観を否定。不況の原因は消費・投資などの有効需要の不足にあるとした。

社会主義の発展と変容

時　期	変　化	内　容	
19世紀	景気循環，帝国主義の台頭	【社会主義】	マルクス…資本主義の矛盾を解明，生産手段の国有化，❼[　　]経済を唱える。❽[　　]による革命を説く。
20世紀	社会主義革命		❾[　　](1917年)…レーニンがプロレタリア独裁を唱えて革命をおこす。 →ソビエト連邦の成立(1922年) →東ヨーロッパ，中国，ベトナムなどへ計画経済のしくみが拡大
	社会主義の衰退		中国…1970年代から❿[　　]政策を推進→社会主義市場経済 ソ連…1980年代にペレストロイカ，グラスノスチ→1991年に解体→市場経済へ移行

正誤判断でチェック

内容の合っているものには○，誤っているものには×をつけよう。

① 産業革命の結果，労働者階級が形成され，やがて労働者たちは政治意識を高め，チャーティスト運動のように制限選挙に反対するようになった。(センター本試)　[　　]

② アダム・スミスは，「国家の発展のためには，重商主義が望ましい。」と説いた。(青山学院大)　[　　]

③ 市場における自由な競争を促進させるための規制緩和政策は，ケインズ政策の一例としてあげられ，この政策により，不完全競争に基づく有効需要の減少が緩和される。(東京理大)　[　　]

④ シュンペーターは，経済発展の原動力として技術革新の役割を強調した。(オリジナル)　[　　]

⑤ マルクスは「工業化におくれた国が経済発展を実現するためには，政府による保護貿易政策が必要である。」と説いた。(センター本試)　[　　]

23 現代の資本主義経済

重要語句でチェック

※＝さらにくわしい説明，◆＝解答を導くためのヒント

1 現代経済の特質

①「ゆたかな」社会　ものが過剰に供給されるに応じて，広告・宣伝によって欲求が拡大される社会。経済学者の[❶　　　　]が唱えた。

②株式会社制度の普及　技術革新で大量生産・輸送が可能になると，企業は大量生産の利益（[❷　　　]の利益）を追求するようになる。大きな資金を調達することのできる株式会社制度は，企業の大規模化を促した。20世紀になると，株主に代わって経営者が企業の実権を握るようになり，「所有と[❸　　]の分離」が進行。※1

③現代経済の潮流　フリードマンは，1970年代の石油危機に際し，通貨量を経済成長率に合わせて一定率で増やす[❹　　　　]◆1を唱え，「小さな政府」をめざす[❺　　　　]主義※2を主張。

④社会民主主義国※3　「小さな政府」への指向を強める。イギリスのブレア政権は，効率と公正を両立させる「第三の道」※4を模索した。

2 経済の一体化

①現代の経済　20世紀後半，ヒト・モノ・カネが国境を越えて移動する，経済の[❻　　　　]化が進行し，貿易・[❼　　　]※3・金融の3局面から一体化が強まった。また，製品規格，経済制度などを標準化するグローバル・スタンダードが適用されるようになった。

②情報化　[❽　　　　技術]（ICT）の発達によって，情報の大量で迅速な送受信が可能となる（IT革命）。

③実物経済から金融経済へ　多くの国に拠点をもつ[❾　　　企業]が国際的ネットワークを展開。[❼]と投機※5の面で資本移動が拡大し，従来の為替管理が難しくなり，[❿　　　　]の自由化が実現。

④金融の影響力　世界的不況を引きおこした。[⓫　　　通貨危機]◆4（1997年），[⓬　　　]◆5（2008年）など。

⑤グローバル・ガバナンス※6　[❻]は不平等・格差の拡大をもたらした。また，各国が企業の海外流出を防ぐため，福祉水準・税率・環境規制などの切り下げを競い合う[⓭　　　競争]◆6がおこった。こうした問題に国際的に協力して対処する，グローバル・ガバナンスのしくみが必要。

※1　株主の弱体化，株主の監督機能の低下をもたらした。

※2　石油危機　原油価格がはね上がり，多くの国はスタグフレーションに陥った。

※3　社会民主主義国　「大きな政府」の国家観をもつ。

※4　「第三の道」　社会民主主義の弊害を改めつつ，市場一辺倒でもないという政策。

※5　投機　株式や債券を短期的に売り買いすることにより，利ざや（その差額によるもうけ）を得る行為。

※6　グローバル・ガバナンス　欧州連合（EU）の共通政策が，一例としてあげられる。

◆1　自由な市場に経済を委ねるべきだと主張し，政府の裁量による財政・金融政策を否定。

◆2　1980年代のサッチャー政権（イギリス），レーガン政権（アメリカ）が有名。ケインズ主義を批判し，市場の欠陥を政府が補うという「大きな政府」からの転換。

◆3　海外の投資先企業に対する株式取得，貸付，債権保有，不動産取得など。

◆4　機関投資家による投機的売買により，タイの通貨バーツが暴落した。

◆5　サブプライムローン問題により，多額の債務を抱えたアメリカの投資銀行リーマン・ブラザースが破綻した。

◆6　企業は人件費や地代の安い国へ生産拠点を移そうとする。企業の誘致のために各国が規制緩和を競い，労働条件や社会福祉は最低の水準へ向かう。

Point

▶株式会社制度…規模の利益の追求，所有と経営の分離
▶経済の一体化…グローバル化，情報化，国際資本移動の自由化

図表でチェック

株式の所有者別割合

年	❶	金融機関 40.2				❸	❹ ・地方公共団体 0.5	
		❷・信託銀行	生命保険会社	その他の金融機関		法人など	事業法人など	その他
1997年(49461万株)	24.6	25.6	10.2	4.4		9.8	24.1	0.8
2011年(244396万株)	29.5	22.9 / 18.0	3.0	1.9		22.8	22.5	2.2 / 0.1

(2013/14年版「日本国勢図会」)

資本主義経済の変化

時期	できごと・経済思想
20世紀	世界恐慌(1929年)→ ❺_____ 政策…ルーズベルト大統領(アメリカ)による。国家の手によって有効需要を増やす(ケインズ理論の実践)。 【修正資本主義】(ケインズ)…「❻____政府」 私的経済部門に公的経済部門が併存することから，混合経済ともよばれる。財政規模を拡大した結果，重い税金を逃れるため企業が海外へ移転するなどの問題がおこった。政府の財政赤字も拡大。 【新自由主義】(フリードマン，ハイエク)…経済活動の自由と「❼____政府」を推進，物価の安定のため，マネタリズムを提唱。
21世紀	グローバル化，情報化→ ❽____・直接投資・金融の3局面で相互依存が強まる。 ICTの発達による高速化で，金融取引の規模が拡大。 リーマン・ショックによる世界金融危機などがおこる。

正誤判断でチェック

内容の合っているものには○，誤っているものには×をつけよう。

① ガルブレイスは，企業者によるイノベーション(技術革新)によって経済の変動がもたらされるとの理論を確立した。(明治大)　[　]

② フリードマンは，不況が有効需要不足から生じることを明らかにし，政府による市場への積極的な介入の必要性を唱えた。(センター本試)　[　]

③ 「小さな政府」の考え方で政策運営を行ったことで有名なのは，イギリスのレーガン政権とアメリカのサッチャー政権である。(日本大)　[　]

④ 1980年代には，外国で企業を設立したり，外国企業の経営権を取得したりすることを目的に行う直接投資が自由化された。(摂南大)　[　]

⑤ サブプライムローン問題を契機に，IMF(国際通貨基金)により資本の自由な移動が原則として禁止された。(センター本試)　[　]

6章 経済社会の変容 定期テスト対策問題

解答 別冊p.14

1 〈資本主義経済の成立と発展〉

▶▶▶ わからないとき→p.58〜59

次の文を読み，あとの問いに答えなさい。〔(3)6点，他各4点　計58点〕

資本主義経済の特徴としては，次の4点があげられる。
1. 私有財産制の下で，生産のための機械や原材料などの　①　も私有される。
2. ほとんどすべての　②　やサービスは商品として生産され，売買される。
3. 基本的に　③　と(a)労働者という2つの階級によって構成される。
4. 企業は利潤と成長を追求して，市場において激しい自由競争をする。

こうした資本主義経済のしくみを18世紀に理論化したのがイギリスの経済学者(b)アダム・スミスである。彼は重商主義政策に反対し，　④　主義を提唱した。その後の(c)　⑤　（イノベーション）による生産力の向上は19世紀後半から資本主義に大きな変容をもたらした。まず，大量生産の設備に必要な巨額な資金の自己調達手段としての　⑥　制度の発達である。それとともに，企業間競争は資本の　⑦　・集中を促進し，市場が少数の大企業によって支配される独占・寡占の状況が発生した。国内では貧富の差が拡大し，分配面でも不公正さが顕在化するようになった。1929年にアメリカに端を発した世界恐慌は世界の多くの国々をまきこみ，資本主義経済は大きな危機に直面した。1933年におけるアメリカの実質GNPは1929年比70％にまで低下し，大量の失業者を生み出した。ルーズベルト大統領は　⑧　政策をとり，政府が公共事業をおこすことで不況を克服しようとした。第二次世界大戦後，政府の積極的な経済への介入を唱えたケインズの理論に基づく財政政策，金融政策など政府による　⑨　政策は，多くの資本主義国で取り入れられた。この政策は，景気の安定だけでなく，社会保障にも政府が大きな役割を担うことになっている。このような資本主義は(d)修正資本主義とよばれ，私的経済部門と公的経済部門が併存することから　⑩　ともよばれる。

(1) ①〜⑩にあてはまる語句を，ア〜スから1つずつ選びなさい。
　ア　独占資本　　イ　生産要素(生産手段)　　ウ　株式会社
　エ　集積　　オ　計画経済　　カ　ニューディール　　キ　財
　ク　資本家　　ケ　有効需要　　コ　技術革新　　サ　混合経済
　シ　ブロック経済　　ス　自由放任

(2) 下線部(a)の搾取に反対し，エンゲルスとともに科学的社会主義理論の確立に努めた経済学者はだれか。

(3) 下線部(b)によって唱えられた「小さな政府」の主張の内容を，「介入」という語句を用いて説明しなさい。

(4) 下線部(c)の重要性を説いた経済学者を，ア〜エから1つ選びなさい。
　ア　シュンペーター　　イ　ヴェブレン
　ウ　ハイエク　　エ　ガルブレイス

(5) 下線部(d)は，資本主義に社会主義的要素を加えた経済である。逆に，社会主義に資本主義を共存させた一国二制度をとっている中国の地域を，ア〜エから1つ選びなさい。
　ア　ペキン　　イ　マカオ　　ウ　チョンチン　　エ　シャンハイ

1

(1)① _____
　② _____
　③ _____
　④ _____
　⑤ _____
　⑥ _____
　⑦ _____
　⑧ _____
　⑨ _____
　⑩ _____
(2) _____
(3) _____
_____
(4) _____
(5) _____

ヒント

(1)①なかでも土地と労働力は本源的な要素である。
　③直接経営を行う者と，投資して配当を得ている者に分けられる。
　⑤長期の景気変動を説明するために用いられる言葉。
　⑦激しい競争の末，弱小企業は没落し，勝ち残った企業は資本を増やす。
　⑨著書『雇用・利子および貨幣の一般理論』で体系化された考えで，個人消費と投資の不足を解消することで，完全雇用を実現しようとした。
(2)価値の根源を人間の労働力に求める労働価値説を基礎とした。
(5)チュー川河口付近に位置する，旧ポルトガル植民地である。

❷ 〈現代の資本主義経済〉
次の文を読み，あとの問いに答えなさい。〔(4)B 6点，他各3点　計42点〕
▶▶▶ わからないとき→p.60〜61

　世界経済において，(a)情報通信技術の進歩や輸送コストの大幅な低下を背景にして，国際貿易や国際金融取引が拡大し，いわゆる　①　化が進展している。(b)1970年代のスタグフレーションに対してケインズ経済学の有効性が問われ，(c)マネタリズムなどの「　②　主義」が台頭していく。実際に，自由化や規制緩和，民営化の言葉に象徴される政策として，1970年代からイギリスでサッチャーによる，1980年代にはアメリカで　③　による経済政策が実践された。国際貿易や国際金融取引の拡大は，世界経済や各国経済の成長を促進している。国際金融取引は，国際的な資金の過不足を円滑に調整することによって，資本の輸出国・輸入国の双方に利益をもたらす。(d)海外に工場を建設したり企業を設立するなど経営を目的とする　④　は，発展途上国にとっては雇用の増加や技術・技能の向上につながり，経済発展の原動力となる。

　一方で，さまざまな問題やリスクが発生している。その一つが，世界的な経常収支の不均衡の問題である。経常収支黒字国は，日本や(e)イギリスなどの先進国に代わって，中国やNIESが黒字の多くを占めるようになった。特に，アメリカは巨額の経常収支の赤字が続いている。そのため，世界的に過剰に供給されてきたドルが，　⑤　通貨危機や(f)サブプライムローン問題に端を発した金融危機の原因だという声もある。(g)今後の世界経済の成長にとって，国際貿易や国際金融取引を促進するための国際的なルールを再構築することが重要となるだろう。

(1) ①〜⑤にあてはまる語句を，ア〜コから1つずつ選びなさい。
　　ア　アジア　　イ　バリアフリー　　ウ　アフリカ　　エ　グローバル
　　オ　間接投資　カ　カーター　　キ　新自由　　ク　社会民主
　　ケ　レーガン　コ　直接投資

(2) 下線部(a)について，この語句のアルファベットの略称を書きなさい。

(3) 下線部(b)について，スタグフレーションが発生するきっかけとなった，1970年代前半の経済危機を何とよぶか。

(4) 下線部(c)について，次の問いに答えなさい。
　A　マネタリズムの立場をとったアメリカの経済学者を，ア〜エから1つ選びなさい。
　　ア　ピグー　　イ　ラッサール
　　ウ　J.S.ミル　エ　フリードマン
　B　マネタリズムとはどのような主張か。「通貨量」という語句を用いて，簡単に説明しなさい。

(5) 下線部(d)のような世界規模の経営を行う企業を何というか。

(6) 下線部(e)について，1990年代のイギリスではブレア政権が誕生し，市場原理主義でもなく，伝統的な社会民主主義でもない，新たな政策路線をとった。この政策路線を何というか。

(7) 下線部(f)の金融危機は，破綻したアメリカの投資銀行の名称から，何とよばれるか。

(8) 下線部(g)について，世界的な課題に対して国際的に共同対処するしくみのことを何というか。

❷
(1) ①＿＿＿
　　②＿＿＿
　　③＿＿＿
　　④＿＿＿
　　⑤＿＿＿
(2) ＿＿＿
(3) ＿＿＿
(4) A＿＿＿
　　B＿＿＿
(5) ＿＿＿
(6) ＿＿＿
(7) ＿＿＿
(8) ＿＿＿

ヒント
(1)②経済の政府による介入を減らし，「小さな政府」をめざした。この政策は大企業を中心に経済を活性化させる反面，所得格差拡大や福祉支出削減などによる不安を高めることから，新たな政策への転換が模索されている。
⑤タイの通貨バーツの暴落がきっかけとなった。
(3)スタグフレーションは，「停滞」と「インフレ」をかけあわせた言葉。
(4)サッチャー政権では，インフレを抑制するため，利子率を引き上げて通貨量の引き締めを達成した。
(5)海外資産の上位企業には，アメリカ，イギリス，日本など先進国の企業が名を連ねている。
(6)民主党の菅政権も，発足時に同様の政策路線を打ち立てたが，頓挫した。
(8)効率と公正の要件を満たした，民主的な機構の構築をめざす。

7章 現代経済のしくみ

24 経済主体と経済循環

解答 別冊p.14

※=さらにくわしい説明, ◆=解答を導くためのヒント

❗ 重要語句でチェック

1 経済の担い手

①**経済の担い手**※1　経済活動を行う主体を，[❶　　　　　]という。

②**家族の経済活動**　経済の単位としての家族を[❷　　　　]◆1という。労働力の対価として企業から得る[❸　　　　]※2などで収入を得て，支出を行う。労働力のほか，資本や土地を[❹　　　　]として企業に提供し，その見返りとして利子・地代を得る。支出のうち，日々の生活に必要な支出を[❺　　　　]◆2※3という。食料費，衣服費，住居費，教育費，交通費，通信費，教養・娯楽費など。

③**収入と支出の差額**　所得から[❹]を差し引いた残りは[❻　　　　]となる。銀行預金※4，証券類の購入，生命保険の支払いなどにあてられる。

④**消費の増加**　保有する株式や土地の価格が上がると，増える傾向にある。これを[❼　　　]効果という。1980年代の[❽　　　　]経済◆3のころはこの効果が強く現れ，[❽]崩壊後には逆[❼]が働いた。

⑤**企業の経済活動**　労働力・資本・土地を用いて生産活動を行うことで，[❾　　　]を得ている。[❾]を拡大することが，多くの企業にとって主たる目的となっている。

⑥**政府の経済活動**　家計や企業に対して[❿　　　　]を課して収入を得て，道路・公園などの公共財の整備，社会保障など行政サービスの供給を行う。所得格差を是正し，景気を安定させることも重要な役割である。

2 経済活動の循環

①**家計・企業間**　生産物の売買と労働力・賃金の売買という二重の売買が繰り返され，生産・消費が持続している。

②**政府と家計・企業間**　政府は税金をもとに，公共事業に必要な資材を企業から購入する。公務員の家庭では，家計が政府に労働力を提供し，その対価として賃金を受け取る。こうして，市場経済では3つの[❶]の間で，生産→[⓫　　　]→消費→生産…と経済が循環している。

※1 **経済の担い手**　近年は，営利を目的としない非営利組織（NPO）や非政府組織（NGO）も，経済活動の重要な主体となってきている。

※2 **収入**　農業を営んだり商店を経営したりして得られる個人業主所得と，企業で働いて得られる勤労所得，利子・配当・地代などからなる財産所得に分けられる。

※3 **食料費**　消費支出に占める食料費の割合をエンゲル係数とよぶ。所得水準が上がるほどエンゲル係数は低くなる傾向がある。

※4 **銀行預金**　銀行や信用金庫などが現金を預かる場合は預金といい，郵便局や農業協同組合などが現金を預かる場合は貯金という。

◆1 生計を営む経済の最小単位であり，単独世帯もふくまれる。

◆2 好況時には増える傾向がある。

◆3 値上がりによる利益を目的とする土地や株式の購入が加熱し，それらの価格が急激に上昇した時期。

📍 Point
▶経済の担い手…3つの経済主体（家計・企業・政府）
▶経済活動の循環…経済主体の間で生産や消費などの活動が繰り返される

図表でチェック

家計の収入

実収入 562754円 （2000年）
- 340977
- 74889
- 43660
- その他の ❶
- 88343
- 40189
- 48019
- 133434

実収入 518506円 （2012年）
- 313874
- 69469
- 50233
- その他の ❶
- 93501
- 40228
- 53173
- 111131

- 日々の生活に必要な支出である ❶
- 食べ物を買う費用である食料費
- 電車賃や電話代となる ❷
- 非消費支出
- ❸ （所得税や住民税）
- 社会保険料
- 実収入から ❶ と非消費支出を引いた残りである ❹

（単位：円．2人以上の勤労者世帯）　　（2013/14年版「日本国勢図会」ほか）

経済の循環

- ❺ 給付
- 租税
- ❻ 給与
- 労働力
- （株式・社債） ❼
- 配当・❽
- 労働力・土地
- 賃金・地代
- 代金
- ❾ ・サービス
- 補助金
- 租税
- 代金
- ❾ ・サービス
- 輸出
- 代金
- 代金
- 輸入

貨幣の流れ
❾ ・サービスの流れ

家計／政府／企業／外国

正誤判断でチェック

内容の合っているものには○，誤っているものには×をつけよう．

① 家計は，賃金，利子，配当などの所得を得て，その所得から家族の暮らしを維持・向上させるために消費支出を行っている．（龍谷大）　[　]

② 家計の消費支出に占める食料費の割合は歴史的に低下してきており，最近では，住居費の割合が最も高くなってきている．（龍谷大）　[　]

③ 土地や株式などの価格が上昇すると，家計の消費支出は増加する傾向がある．（龍谷大）　[　]

④ 食料や衣料などの消費財への支出は消費支出であるが，レジャーや教育などへの支出は消費支出ではない．（東北学院大）　[　]

25 生産のしくみと企業

解答 別冊p.15

❋=さらにくわしい説明, ◆=解答を導くためのヒント

❗ 重要語句でチェック

1 企業の形態

①**企業の活動** 財やサービスを生産。一定期間の売上高から[❶　　　]を差し引いた残りが利潤となる。[❶]の内訳には，原材料費，人件費，利子支払い，設備の更新のための[❷　　　◆1]などがある。

②**設備の更新** 企業の成長のために新しい生産機械を導入したりすることは[❸　　　◆2]投資，新技術を開発することは[❹　　　]投資。

③**企業の種類❋1** 複数の個人が共同出資した企業を[❺　　　]といい，株式会社，合名会社，合資会社，合同会社などがある。

④**株式会社** 最も多い企業の形態。出資者である[❻　　　]は，利潤のなかから[❼　　　]を分配される。

⑤**資金の調達法** 利潤を[❼]せずに資金を蓄積する[❽　　　]や，社債❋2や株式の発行で資金を調達。[❽]や株式発行による資金を自己資本，社債発行や金融機関からの借し入れで調達した資本を他人資本という。

⑥**株主の責任** 倒産した場合，出資者は出資額を限度として会社の負債を負う（[❾　　　◆3]）。

⑦**所有と経営の分離** 株式会社では，株主に代わり経営者❋3が実権を握る。最高意思決定機関の株主総会が，経営者を任命する。

2 現代の企業

①**企業の構造転換** 子会社設立による事業分離，多角化，人員整理などによるリストラクチャリング❋4が増加。情報処理を専門会社に外注すること（アウトソーシング）や，他企業を合併・買収する[❿　　　]も活発。

②**企業規模の拡大** 財閥に代表されるコングロマリットとよばれる複合企業は，戦後，独占禁止法で解体されたが，[⓫　　　◆4]制度が解禁され（1997年），組織を再編する企業が急増した。

③**企業の社会的責任（CSR）** キャピタルゲイン❋5の実現などの株主価値の最大化が求められるため，法令遵守（[⓬　　　]），環境保護❋6を重視する企業が増えている。

④**企業の統治機構** 説明責任（[⓭　　　]），企業情報の開示（ディスクロージャー）により，コーポレート・ガバナンス❋7を強化。

❋1 **企業の種類** 2006年に施行された会社法で，有限会社の新設不可，合同会社の創設，株式会社における資本金の最低金額の撤廃などが定められた。

❋2 **社債** 会社の一種の借金。有価証券の発行によって資金を調達する。

❋3 **経営者** CEO（最高経営責任者）が経営の最終的な責任を負い，その下でCOO（最高執行責任者）とCFO（最高財務責任者）が実務を分担する。

❋4 **リストラクチャリング** 本来は「事業の再構築」の意味だったが，「人員整理」の意味で使われることが多い（「リストラ」）。

❋5 **キャピタルゲイン** 株価など資産価値の値上がりによって得られる利益。

❋6 **環境保護** 国際標準化機構（ISO）による14000シリーズ（環境保全）の認証を受けることにより，社外へ環境意識の高さを印象づけることができる。

❋7 **コーポレート・ガバナンス** 企業統治。企業が不祥事をおこさないように監視すること。

・・・

◆1 固定資産の取得にかかった支出を，その使用期間にわたって割り振った費用。

◆2 この増減は景気動向を敏感に反映するため，重要な経済指標となっている。

◆3 一方，出資者が自らの財産をあててでも，会社の負債を負わなければならない制度を，無限責任という。

◆4 株式を保有することで他の企業を支配することを目的とする会社。

Point
▶企業の形態…法人企業の多くが株式会社
▶現代の企業…M&A，持株会社制度の解禁，企業統治の強化

7章 現代経済のしくみ

図表でチェック

会社の種類

会　社		出資者	経営者	特　徴
株式会社	公開会社	有限責任の株主	❶ （3人以上）	これまでの株式会社制度に近い会社。多額の資本を必要とする企業に適する。
	株式譲渡制限会社		❶（1人以上）	これまでの有限会社のしくみを取り入れた会社。中小規模の会社が多い。
❷		❸　　責任社員	❸責任社員	親類や知人により構成される小規模な会社が多い。
❹		❸責任社員と有限責任社員	❸責任社員	小規模な会社が多い。
❺		有限責任社員	有限責任社員	ベンチャー企業の設立に適している。

株式会社のしくみ

消費者 ← 販売 ― 株式会社 → 配当 → 株主

企業／家計 → 販売利益 → ❻ → 選出 → ❼（社長・重役など）監査役

他人資本（社債・借入金）／自己資本（出資金・留保金）

法人株主／個人株主

❽ 金融機関 貸し付け

❾

正誤判断でチェック

内容の合っているものには○，誤っているものには×をつけよう。

① その会社の株式を保有していない者が，取締役に選ばれることがある。（東京経大）　[　]
② 合同会社の出資者は，会社の債権者に対して出資額を限度とする責任を負担する。（早稲田大）　[　]
③ 株式発行によって調達された資金は，他人資本である。（センター本試）　[　]
④ 株式会社の日常の経営の決定を行う取締役会は，経営に対し，無限責任を負う。（東京経大）　[　]
⑤ 持株会社は他の会社の株式を所有するが，経営には関与しない。（國學院大）　[　]
⑥ コーポレート・ガバナンス（企業統治）とは，企業が，自らの市場支配力を強めることを通じて，プライス・リーダーになることをいう。（センター本試）　[　]

26 市場経済の機能と限界

解答 別冊p.15

※=さらにくわしい説明，◆=解答を導くためのヒント

❗ 重要語句でチェック

1 市場メカニズム※1

①**計画経済** 財・サービスの価格は，原則として国家が決める。

②**市場経済** 市場では，消費者が購入したいと考える[❶　　　]と，生産者が生産したいと考える[❷　　　]を一致させ，財・サービスの価格と取り引きされる数量が決定される。このしくみが市場メカニズム。

③**価格の変化** [❶]が[❷]を上回るとき（超過需要）は価格が上昇，[❷]が[❶]を上回るとき（超過供給）は価格が下落する。価格が上下して，[❶]と[❷]を自然に一致させる（[❸価格の　　　]◆1）。このときの価格を[❹　　　]◆2という。

④**財・サービスの過不足情報** 価格によって過不足情報が消費者と生産者へ伝えられ，資源の[❺　　　]配分◆3を可能にする。

⑤**市場の失敗（市場の限界）** 市場メカニズムがうまく機能しないこと。

⑥**市場の失敗の分類** [❻　　　]の不完全性（特定の企業が巨大化して市場を支配する），[❼　　　]の非対称性（生産者が十分な情報を消費者へ提供しない），外部経済と外部不経済。

⑦**外部経済** 対価を払わなくても，財・サービスを享受できること。[❽　　　]など，非排除性※2・非競合性※3をもつもの。

⑧**外部不経済** 公害など，対価を受け取ることなく不利益をこうむること。

2 寡占化・独占化

①**企業規模の拡大** 企業は，生産量を増やすほど単価が安くなることから大規模化する。デファクト・スタンダード※4の独占的構築をめざす。

②**独占形態** 19世紀後半から[❾　　　]◆4（企業連合），トラスト（企業合同），[❿　　　]◆5（企業連携）が現れる。

③**プライス・リーダー（価格先導者）** 寡占市場において価格を設定し，他企業もそれに追従して[⓫　　　]価格が形成される。

④**価格の下方硬直性** 企業間の価格競争が弱まったとき，価格が上方にしか変化しない場合が多いこと。価格が固定する代わり，広告・宣伝などの面における[⓬　　　]競争が重視される。

⑤**独占の防止** [⓭　　　]法◆6を制定し，公正取引委員会が運用する。

※1 **市場メカニズム** 市場価格を均衡価格へ導くしくみ。市場メカニズムに基づいて財・サービスの価格が決定される経済を，市場経済という。

※2 **非排除性** だれであっても利用を制限されない性質。対価を払わない人であっても，排除することはできない。

※3 **非競合性** 多くの人々が同時に利用できる性質。ある人が多く消費しても，他の人の消費がその分減ることはない。

※4 **デファクト・スタンダード** 公的機関の決定によるものではなく，市場の実勢によって標準とみなされるようになった規格。録画機器のブルーレイ，パソコンの基本ソフト（OS）のウインドウズなど。

・・・

◆1 アダム・スミスはこの作用を「神の見えざる手」と表現した。

◆2 需要曲線と供給曲線の交点で表される。

◆3 資源を最も効率的に利用して生産することで，生産者は利潤を最大にできると同時に，生産された財・サービスが必要とする消費者に行きわたり，社会全体の満足度が最大になる状態。

◆4 独立した企業どうしが，価格・生産量などについて協定を結ぶこと。

◆5 複数の企業が融資や人材派遣を通じて結合すること。

◆6 1947年制定。正式名を「私的独占の禁止及び公正取引の確保に関する法律」という。

Point
▶**市場メカニズム**…均衡価格で需要量と供給量が一致
▶**独占形態**…カルテル，トラスト，コンツェルン

7章 現代経済のしくみ

図表でチェック

需給曲線

❶_____がすべての価格帯で高まれば需要曲線は右へ移動し，価格は❷_____する。

❸_____がすべての価格帯で高まれば供給曲線は右へ移動し，価格は❹_____する。

市場の失敗

外部❺_____	外部❼_____
対価を支払わずとも財・サービスが享受できること。外部❺をもたらすが，収益が得られないために過小供給となる場合，政府が❻_____を出して奨励する。	対価を受け取ることなく不利益をこうむること。政府は法的規制をかけたり，❽_____してこれを抑制する。

独占の形態

- カルテル（企業連合）— A企業・B企業・C企業　❾_____
- ❿_____（企業合同）— 合併　A企業＝B企業　新企業
- コンツェルン（企業連携）— 親会社（持株会社）　⓫_____取得／融資　A企業・B企業・C企業　a' a'' b' b'' c' c''

正誤判断でチェック

内容の合っているものには○，誤っているものには×をつけよう。

① ネットオークションにおいて，同じ品物をたくさん持つひとりの出品者が，それらを同時ではなく，個々のオークション終了ごとにひとつずつ出品した場合は，同時に出品した場合よりも完全競争的な取引が期待できる。（青山学院大）　[　]

② 市場占有率の高い少数の企業によって市場が構成されると，非価格競争よりは価格競争が主流となる。（青山学院大）　[　]

③ 完全競争市場では価格の自動調節機能に従い，財の需要量が供給量を上回る場合は価格が下落し，下回る場合は価格が上昇する。（センター本試）　[　]

④ 完全競争市場と比較した場合の寡占市場の特徴としては，資源が効率的に配分されやすい点があげられる。（センター本試）　[　]

⑤ 寡占市場では，企業は，品質やデザイン，広告などの面で，他企業と競争を行うこともある。（センター本試）　[　]

27 国民所得と経済成長

解答 別冊 p.15

※＝さらにくわしい説明，◆＝解答を導くためのヒント

❗ 重要語句でチェック

1 国民経済の規模

①**国の経済規模** 一定期間内で生産された量であるフローと，それが蓄積した量である [❶　　　　　] で評価される。

②**フロー** 1年間に国内で生産された付加価値を表す [❷　　　　　]（GDP）※1や，国民総生産（GNP）※2，国民総所得（GNI）※3，国民総支出（GNE）などの指標がある。さらに，GNPから [❸　　　　　]（減価償却費）を控除したものを国民純生産（NNP）という。NNPからさらに間接税を差し引き，補助金を加えると [❹　　　　　]（NI）になる。

③**三面等価の原則** 生産・分配・支出の三面におけるNIの額が等しいこと。

④**国富** [❶　　] は国全体の国富（実物資産＋[❺　　　　　]◆1）の量で表される。実物資産は，道路・水道などの [❻　　　　　] と，民間企業が所有する私的資本に区分される。

⑤**GDPに代わる指標** 家事労働，環境悪化などの要因を [❹　　] に加減したものを [❼　　　　　]（NNW）という。ほかに，持続可能性指標，国民総幸福（GNH），幸福度指標，[❽　　　　　]（HDI）など。

⑥**経済成長**※4 GDPの増加率を [❾　　　　　]◆2 という。

2 国民生活と物価

①**景気循環**※5 好況，後退，不況，回復の4局面。景気が急激に後退した場合は恐慌という。

②**好況時** 物価が持続的に上昇することを [❿　　　　　]◆3 という。需要が供給を上回るディマンド・プル・インフレ，原材料価格や賃金の上昇によるコスト・プッシュ・インフレがある。

③**不況時** 物価が持続的に下落することをデフレーションという。不況とデフレーションが，さらなる需要減少と物価下落をまねくという悪循環のことを [⓫　　　　　] という。

④**スタグフレーション**※6 不況と [❿　　] が同時に進行する現象。

⑤**物価** 諸価格の平均的な水準。消費者が小売段階で購入する財・サービスの平均価格である [⓬　　　　　]◆4，企業間で売買される商品や原材料などの平均価格である [⓭　　　　　]（卸売物価）がある。

※1 **GDP** 海外で働いている日本人が生み出した所得はふくまれない。

※2 **GNP** 海外からの純所得をGDPに加えたもの。

※3 **GNI** GNPを所得面からとらえたものがGNI，支出面からとらえたものがGNEで，これらは等価となる。

※4 **経済成長** ①労働人口の伸び，②資本ストックの伸び，③技術革新などが原動力となる。①と②に関しては，日本では少子高齢化と高齢者の貯蓄の切り崩しが進み，著しい伸びは期待できない。

※5 **景気循環** 景気の谷から谷（山から山）までの期間を循環周期といい，キチンの波（短期波動，在庫循環），ジュグラーの波（8〜10年の中期波動，設備投資循環），クズネッツの波（15年前後の建設循環），コンドラチェフの波（約50年の長期波動，技術革新による循環）などのとらえ方がある。

※6 **スタグフレーション** 石油危機のときに見られた。

・・・

◆1 海外に保有する債権から，海外に対する債務を差し引いたもの。

◆2 名目成長率から物価上昇率を差し引いた実質成長率で表される。

◆3 中央銀行が公債を引き受けることで通貨量が増加してインフレーションが発生する場合，これを財政インフレという。

◆4 基準年から年数が経つにつれて，現実の消費活動が変化していくことにより，指数が実態から乖離していくという問題点がある。

Point

▶国民経済の規模…フロー（GDPなど）とストック（実物資産＋対外純資産）
▶景気循環…好況，後退，不況，回復の4局面

図表でチェック

フローを表す指標

- 国内生産総額：総生産額（中間生産物の額を含む）
- 国内総生産 ❶
- 国民総生産 ❷（海外からの純所得）
- 国民純生産 ❸（固定資本減耗）
- 国民所得 ❹（間接税－補助金）
- （生産国民所得）：第3次産業／第2次産業／第1次産業
- （分配国民所得）：企業所得／財産所得／雇用者報酬
- （支出国民所得）：経常海外余剰／民間・政府投資／政府消費／民間消費
- 国民総支出 ❺：国内総資本形成（公的／民間）／政府消費／民間消費

景気循環

周期：山 ❻ → 生産過剰 → 後退（投資の低下・消費の減少）→ 谷 ❼ → 回復（投資の増大・消費の増大）→ 山 ❻

周期

- ❽ の波…約40か月の短期波動
- ❾ の波…8～10年の中期波動
- ❿ の波…約15年の建築循環
- ⓫ の波…約50年の長期波動

正誤判断でチェック

内容の合っているものには○，誤っているものには×をつけよう。

① 原則として国内総生産には市場で取り引きされた財やサービスの生産のみが計上される。このため，家事労働やボランティア活動などは国内総生産には計上されない。（東京理大）　[　]

② 国内純生産は，国内総生産に固定資本の減耗分を加え，海外からの所得移転を調整したものである。しかし一般に，経済全体での固定資本の減耗分は測定しづらい。（東京理大）　[　]

③ 生産面から見たGDP，分配面から見たGDP，支出面から見たGDPが事前的に一致することを「三面等価」という。（早稲田大）　[　]

④ デフレーションとは，モノやサービスに対する通貨の相対的価値が下落することを意味する。（京都産大）　[　]

⑤ スタグフレーションとは，景気停滞とデフレーションが同時におこっている状態である。（明治大）　[　]

⑥ 中期波動（ジュグラーの波）は，設備投資の変動によって引きおこされる。（センター本試）　[　]

28 金融のしくみ

解答 別冊p.16

※＝さらにくわしい説明, ◆＝解答を導くためのヒント

重要語句でチェック

1 通貨制度と金融市場

①**通貨制度** 1929年の世界恐慌までは、中央銀行の発行する紙幣に金との交換を義務づける [❶　　　　　制] がとられていた。恐慌後、各国は銀行券を金保有量に関係なく発行できる [❷　　　　　制度] を採用。

②**通貨の種類** 通貨は [❸　　　　　] と預金通貨に分けられ、ともに流動性が高い。預金通貨には普通預金、当座預金などがある。

③**金融** 貸し手が直接に資金を借り手に融通することを [❹　　　　　]、銀行などの金融機関を介して貸し借りを行うことを [❺　　　　　] という。借り手は貸し手に対して、利子(利息、金利)を支払う。

④**金融市場** 金融の取引が行われる場。1年未満の短期資金が取り引きされる [❻　　　　　] と、1年以上の長期資金が取り引きされる長期金融市場がある。株式や債券は、証券市場で取り引きされる。

⑤**銀行の役割** 資金が余っている経済主体から預かったお金を、資金が不足している経済主体へ貸し出す金融仲介機能。預金の振り替えによって企業や個人の決済を行う [❼　　　　　機能]。預金の受け入れと貸し出しを繰り返して当初の預金の何倍もの預金をつくりだす信用創造機能。

⑥**日本銀行** 「[❽　　　　　]◆2」、「政府の銀行」、「発券銀行」の役割。

⑦**金融政策** [❾　　　　　](オペレーション)による無担保コールレートの誘導、金利政策(公定歩合操作)、預金準備率操作によって行われ、不況時には金融緩和、景気加熱時には金融引き締めをはかる。近年の景気後退期には、ゼロ金利政策、[❿　　　　　政策]◆3が導入された。

2 金融をめぐる環境の変化

①**金融の自由化** 1970年代に資本の自由化を促進、1980年代には金融の自由化・国際化が進展。1990年代には [⓫日本版　　　　　] が行われ、金融持株会社を中心とする金融再編が進む。

②**金融行政** バブル経済崩壊後、預金保険機構を通じて金融機関の破綻処理が進む。2000年に設置された [⓬　　　　　庁] が国際決済銀行によるBIS規制を基準に不良債権を処理。2005年には [⓭　　　　　] という、金融機関が破綻した場合の預金保護制度を全面解禁。

※1 **紙幣** 金との交換を義務づけられた紙幣を兌換紙幣、金との連動を失った紙幣を不換紙幣という。

※2 **通貨(貨幣)** 価値尺度、交換手段、支払手段、価値貯蔵手段の機能がある。

※3 **金融市場** 短期金融市場にはコール市場や手形市場など、長期金融市場には株式市場や証券市場などがある。

※4 **証券市場** 2013年には東京証券取引所と大阪証券取引所の現物株市場が統合された。

※5 **政府の銀行** 国庫金の出納、国債発行の代行などを行う。

※6 **無担保コールレート** 翌日物。コール市場において、金融機関どうしが担保なしの短期資金を貸し借りする取引で、返済期間が翌日までの金利。

※7 **公定歩合操作** 公定歩合は日銀が市中銀行に貸し出しを行う際の金利。金利の自由化にともない、公定歩合と市中銀行が連動しなくなったため、公定歩合操作に代わりオペレーションが金融政策の中心になった。

※8 **BIS規制** 銀行の健全性の基準として示した、自己資本比率(自己資本の総資産に対する比率)に関する国際ルール。

・・・

◆1 当座預金や普通預金の要求払い預金の振り替えによって決済を行う。

◆2 民間金融機関との間で預金の受け入れ、資金の貸し出しを行う。

◆3 日本銀行が2001年から2006年まで行った超金融緩和策。

Point

▶通貨制度…金本位制→管理通貨制度
▶金融政策…公開市場操作による通貨量の調節

7章 現代経済のしくみ

📊 図表でチェック

金融の循環

- 間接金融
- 直接金融

政府
- 預金／貸付 → ❶
- 税金・公債

準備預金／貸付 → 一般の金融機関（銀行・信用金庫など）

❷／❸（家計・企業）
- 貸付／預金 ↔ 一般の金融機関
- 株式・社債／資金 ↔ 証券会社など（取次）
- ❹

金融機関の種類

❺　銀行	日本銀行
民間金融機関 ❻ 取扱金融機関	普通銀行（都市銀行，地方銀行，第二地方銀行），信託銀行，信用金庫，信用組合，労働金庫，農業協同組合，漁業協同組合　など
その他の金融機関	❼　保険会社，損害保険会社，消費者金融機関，証券会社　など
❽　金融機関	日本政策投資銀行，日本政策金融公庫　など

日本の金融政策

好況（金融 ❾ 策）／不況（金融 ❿ 策）

中央銀行
- 公開市場操作：❶ ・手形の売却（売りオペ）／❶ ・手形の買い上げ（買いオペ）
- 通貨の吸収／通貨の流出
- 公定歩合操作（現在は行われていない）：公定歩合引き上げ → 貸し出し減少／公定歩合引き下げ → 貸し出し増加
- ⓬ 操作（1991年10月以降，行われていない）：準備率引き上げ／準備率引き下げ

民間金融機関 → 企業・家計：貸し出し減少（通貨量減少）／貸し出し増加（通貨量増大）

✅ 正誤判断でチェック

内容の合っているものには○，誤っているものには×をつけよう。

① 管理通貨制度の下では，中央銀行は金の保有量と一定の比例関係を保ちつつ，兌換銀行券を発行できる。（センター本試）　[　]

② 企業が社債を発行することにより，金融市場で資金調達を行うことは，間接金融の方式に当たる。（センター本試）　[　]

③ 中央銀行は，インフレが進んでいるときに預金準備率を引き下げる。（センター本試）　[　]

④ 中央銀行は，不況期に市中銀行から国債を買い入れる。（センター本試）　[　]

⑤ 証券会社や保険会社であっても，一定額以上の資金を国際的に運用している大規模な金融機関は，銀行と同様に自己資本比率規制を受けてきた。（中央大）　[　]

⑥ 日本のペイオフ制度では，金融機関が破綻した場合に，預金保険機構によって，預金の元本のみが全額払い戻される。（センター本試）　[　]

29 財政のしくみ

解答 別冊p.16

※＝さらにくわしい説明，◆＝解答を導くためのヒント

❗ 重要語句でチェック

1 財政の役割

①**財政制度** 予算に対して国民の意思を反映させる，財政民主主義に基づく。

②**国の予算** 一会計年度における収入(歳入)と支出(歳出)を総合的に管理する[① 　　　　　]と，特定の収入を財源として一定の事業を行う[② 　　　◆1]に分けられる。

③**国会の働き** 本予算の編成と並行して，財政投融資計画※1を策定。本予算の成立が遅れる場合は暫定予算を，追加で必要な場合は補正予算を組む。

④**財政の役割** 社会資本や社会保障などという公共財を供給する役割がある([③ 　　　　の調整])。また，所得税の累進課税制度※2や相続税，社会保障を利用して所得・資産の公平をはかる([④ 　　　　　])。政府の裁量的財政政策(フィスカルポリシー※3)や景気の自動安定化装置(ビルト・イン・スタビライザー※4)を利用した[⑤ 　　　　の安定化]。

⑤**租税制度※5** 課税は法律に沿って行われる[⑥ 　　　主義]を基本とする。所得税・法人税など，納税者と担税者※6が同じ税を[⑦ 　　　　]といい，消費税など，納税者と担税者が異なる税を間接税という。

⑥**税負担の公平性** 累進課税などによる[⑧ 　　　公平]と，所得水準ごとに等しい税負担をはかる[⑨ 　　　公平◆2]がある。所得税に累進性がある一方で，消費税は[⑩ 　　　性]をもつ。

2 財政の課題

①**財源の不足** 租税の不足を借金で補う公債(国債，地方債)の発行残高が積み上がった。※7 1975年度から，特別立法で[⑪ 　　　国債]が発行されるようになった。国債依存度は高まり，基礎的財政収支(プライマリー・バランス※8)も大幅な赤字となり，財政の[⑫ 　　　化]が進む。

②**歳出の増大** [⑬ 　　　化]の影響で社会保障給付が増えていくことが予想される。日本の租税負担率※9や国民負担率※10は，先進国のなかでも低い水準であるため，社会保険の国民負担は増えていく可能性が高い。

③**国と地方の関係** 納税先によって，国税と地方税に分けられる。財政の分権化を進めるため，国から地方への税源移譲，補助金の削減，地方交付税の見直しからなる[⑭ 　　　改革]が進められた。

※1 **財政投融資計画** 財政投融資は，「第二の予算」とよばれるほどの規模をもつ。資金は財投機関債や財投債の発行で調達。

※2 **累進課税制度** 所得水準が高くなるにつれ，税率を引き上げる制度。

※3 **フィスカルポリシー** 景気安定化のために行われる，公共事業の増加・削減，減税・増税などの政策。

※4 **ビルト・イン・スタビライザー** 累進所得税には景気の加熱をおさえる働き，社会保障支出には景気を下支えする働きがある。

※5 **租税制度** 日本は1949年のシャウプ勧告により，直接税中心の税制が実施された。

※6 **担税者** 実際の税負担者。

※7 国・地方の返済期間が1年をこえる債務の総計である政府長期債務残高は，2011年度末で890兆円をこえ，対GDP比で184％に達している。

※8 **プライマリー・バランス** 国債発行を除く税収などの歳入と，国債の元利払いを除いた歳出の差。

※9 **租税負担率** 国民所得に対する租税負担の割合。

※10 **国民負担率** 国民所得に対する租税および社会保障負担の割合。

◆1 民主党政権において実施された事業仕分けは，これにおける歳出の無駄の削減が目的。

◆2 源泉徴収される会社員は納税もれがほとんどなく，自ら確定申告をする自営業者に比べて所得の捕捉率が高い。

Point

▶財政の役割…資源配分の調整，所得の再分配，景気の安定化
▶財政の課題…国債依存度の上昇，社会保障給付の増大

7章 現代経済のしくみ

図表でチェック

日本の一般会計の変化

歳入
- 1934～36年度平均 22.9億円: 租税および印紙収入 ― 所得税・法人税 10.9% | その他 28.1% | 専売納付金 8.3% | ❷ 38.9% | その他 13.8%
- 2012年度 90.3兆円: ❶ 14.9% | 法人税 9.8% | ❸ 11.5% | 10.7% | 49.0% | 4.1%

歳出
- 1934～36年度平均 22.9億円: 公共事業関係費 0.7% | 文教および科学振興費 7.4% | 6.6% | ❹ | 関係費 44.8% | 恩給関係費 7.6% | 16.9% ❺ 費 | 地方財政関係費 0.3% | その他 15.7%
- 2012年度 90.3兆円: ❻ 関係費 29.2% | 5.1% | 5.0% | 5.2% | 0.6% | 24.3% | 地方交付税交付金等 18.4% | 11.2%

（「財政金融統計月報」ほか）

裁量的財政政策（フィスカルポリシー）

景気加熱時	政策	不況時
❼	税率	❽
❾	歳出	❿

おもな租税

	直接税	⓫
⓬	⓭ …個人の所得に課税 法人税…企業の所得に課税 相続税，贈与税　ほか	⓮ …財・サービスの取引に課税 酒税，関税，たばこ税　ほか
⓯	（都）道府県税: （都）道府県民税 事業税，自動車税　ほか	地方消費税，（都）道府県たばこ税 不動産取得税，ゴルフ場利用税　ほか
	市(区)町村税: 市(区)町村民税 固定資産税　ほか	市(区)町村たばこ税 入湯税　ほか

✕ 正誤判断でチェック

内容の合っているものには○，誤っているものには✕をつけよう。

① 所得税の最高税率を引き下げると，所得再分配機能が強まる。（センター本試）　［　］
② 相続税の最高税率を引き下げると，資産の不平等が縮小する。（センター本試）　［　］
③ 日本の所得税では，累進課税制度が廃止された。（オリジナル）　［　］
④ 日本では，1949年のシャウプ勧告に沿った税制改革が行われた。（オリジナル）　［　］
⑤ 水平的公平とは，所得の多い人がより多くの税を負担することである。（センター本試）　［　］
⑥ 財政法第4条の但し書きにおいて，国会の議決を経た金額の範囲内で，公共事業費等にあてるための公債を発行することが認められており，この公債は財投債とよばれる。（成蹊大）　［　］
⑦ 国債収入の方が国債費よりも多ければ，基礎的財政収支は黒字になる。（センター本試）　［　］

7章 現代経済のしくみ 定期テスト対策問題

解答 別冊p.16〜17

1 〈経済主体と経済循環，生産のしくみと企業〉 ▶▶▶わからないとき→p.64〜67

次の文を読み，あとの問いに答えなさい。〔(3)各2点，他各3点 計29点〕

　国民経済は，家計・企業・政府という三つの ① から構成され，それぞれが独自の目的をもって経済活動を営んでいる。家計は，生産要素を提供し，所得を受け取る。そのなかから企業の生産した財やサービスを購入して，家族を維持するための(a)消費支出を行うとともに，将来の生活に備えて ② をしている。その ② は，金融機関や株式市場などを通して企業の ③ に使われる。(b)企業は，家計から生産要素の提供を受けて，それらを原材料や設備などと結合して財やサービスを生産し，また，より多くの ④ を獲得するために，新技術を導入し，企業経営の改善に努めている。政府は，家計や企業から ⑤ を徴収し，それをもとに ⑥ を提供したり，一国の経済活動が円滑に循環するように調整したりしている。

(1) ①〜⑥にあてはまる語句を，ア〜ケから1つずつ選びなさい。
　ア 投資　イ 消費　ウ 三位一体　エ 公共財　オ 利潤
　カ 貯蓄　キ 経済主体　ク 租税　ケ 利子

(2) 下線部(a)について，エンゲル係数の算出のために用いられる支出は何か。

(3) 下線部(b)に関連して，次のA〜Dが示す語句をあとの〔 〕から1つずつ選びなさい。
　A 情報処理を専門会社に外注する
　B 企業が法令を遵守する
　C 企業が説明責任を果たす
　D 株主が出資額を限度として負債を負う
〔 コングロマリット　有限責任　アウトソーシング　M&A
　 コンプライアンス　アカウンタビリティ　無限責任 〕

2 〈市場経済の機能と限界，国民所得と経済成長〉 ▶▶▶わからないとき→p.68〜71

次の文を読み，あとの問いに答えなさい。〔各3点 計27点〕

　自由主義国家において，(a)市場メカニズムによる価格の調整と需給量の調整は，アダム・スミスによって「 ① 」という表現で形容された。右下がりの需要曲線，右上がりの供給曲線は，さまざまな社会の変化を反映して移動する。しかし，市場の不完全さが強くなると，(b)市場の失敗とよばれる状態が生じる。
　国民経済全体の大きさは ② と ③ の視点から表すことができる。 ② とは，ある一時点で企業の生産設備や金融資産などが一国全体でどれだけ蓄積されているかを示したものである。 ③ とはある一定期間に行われた経済活動の成果を示したものである。その代表格が ④ であり，ある一定期間に国内の生産活動により生み出された付加価値の合計を示す。これに外国からの純所得を加え， ⑤ を差し引いたものが国民純生産である。そして，国民純生産から ⑥ を引き，補助金を加えたものが(c)国民所得である。

1
(1) ① ___
　 ② ___
　 ③ ___
　 ④ ___
　 ⑤ ___
　 ⑥ ___
(2) ___
(3) A ___
　 B ___
　 C ___
　 D ___

ヒント
(1)③銀行などの金融機関は，預金者から集めた預金を有価証券などで運用する。
⑤家計からは所得税など，企業からは法人税などを徴収する。

2
(1) ① ___
　 ② ___
　 ③ ___
　 ④ ___
　 ⑤ ___
　 ⑥ ___
(2) ___
(3) ___
(4) ___

ヒント
(1)①個々人による利益の追求が，社会全体の利益につながるという考え。

(1) ①〜⑥にあてはまる語句を，ア〜コから1つずつ選びなさい。
　ア　外部経済　　イ　GDP　　ウ　スタグフレーション　　エ　間接税
　オ　固定資本減耗分　　カ　直接税　　キ　フロー　　ク　GNI
　ケ　ストック　　コ　見えざる手
(2) 下線部(a)について，右上がりの曲線を右方移動させる社会変化として，適切ではないものを，ア〜エから1つ選びなさい。
　ア　原材料値上がり　　イ　企業にかけられる税金の減税
　ウ　賃金の削減　　エ　技術革新による生産性向上
(3) 下線部(b)のうち，カルテル，トラスト，コンツェルンが出現し，市場の価格調整がうまく機能しないケースを何とよぶか。
(4) 下線部(c)について，生産国民所得，分配国民所得，支出国民所得が等しくなる原則のことを何というか。

❸ 〈金融のしくみ，財政のしくみ〉　▶▶▶わからないとき→p.72〜75
次の文を読み，あとの問いに答えなさい。　〔(2)5点，他各3点　計44点〕

通貨制度としては，1929年の世界恐慌までは一国が発行できる通貨量の基準が金の保有量に規定される　①　制が世界の主要な国々でとられていたが，現在は(a)管理通貨制度が採用されている。資金を融通しあう行為を金融といい，このうち，企業が株式や社債の発行により資金をまかなうことを　②　，銀行からの融資を通じて資金をまかなうことを　③　という。金融機関を除く民間の経済部門が保有する通貨量のことを　④　という。各国の中央銀行は，(b)金融政策を行うことで通貨量を調節している。一方で，政府の財政には，　⑤　配分の調整，(c)所得の再分配，(d)景気(経済)の安定化という3つの機能がある。日本では1949年の　⑥　によって直接税中心の税制がしかれたが，1988年の税制改革で　⑦　が導入され，租税総額に占める直接税の比率は，最近では　⑧　％をはさんで推移している。日本の税負担は先進国のなかではそれほど高くはないとされているが，(e)社会保障などで国民に還元される部分も少ない。　⑨　が進み，産業構造が変化していくなかで，税制の見直しは避けられない。

(1) ①〜⑨にあてはまる語句・数字を，ア〜ケから1つずつ選びなさい。
　ア　資源　　イ　高齢化　　ウ　シャウプ勧告　　エ　マネーストック
　オ　間接金融　　カ　消費税　　キ　60　　ク　金本位　　ケ　直接金融
(2) 下線部(a)とはどのような制度か，簡単に説明しなさい。
(3) 下線部(b)について，日本銀行が2013年初めから明確な方針として掲げた政策を，ア〜ウから1つ選びなさい。
　ア　量的緩和政策　　イ　インフレターゲット　　ウ　ゼロ金利政策
(4) 下線部(c)のうち，所得税に取り入れられている所得水準が高くなるにつれ，税率を引き上げる制度を何というか。
(5) 下線部(d)のうち，不況時に政府が行う裁量的財政政策(フィスカルポリシー)としてあてはまるものを，ア〜エから1つ選びなさい。
　ア　増税を行う。　　イ　国債・手形を売る。
　ウ　減税を行う。　　エ　国債・手形を買う。
(6) 下線部(e)について，2013年度一般会計予算における社会保障関係費の割合を，ア〜エから1つ選びなさい。
　ア　約6％　　イ　約18％　　ウ　約24％　　エ　約31％

8章 日本経済のあゆみ

30 経済復興から高度成長へ

解答 別冊p.17

※=さらにくわしい説明, ◆=解答を導くためのヒント

❗ 重要語句でチェック

1 戦前・戦後の経済

①**明治以降の日本経済** 明治時代の地租改正により，地主に雇われた農民が小作人として零細農業をしいられる[❶　　　]制度が確立した。産業革命が進むなかで，設立された官営工場を払い下げられた政商が，のちに[❷　　　]として全産業分野を支配するようになる。

②**戦後の民主化** 第二次世界大戦の敗戦後，連合国軍総司令部(GHQ)による民主化が進められる。持株会社整理委員会の指示に基づき，[❷　　]を解体。独占禁止法や[❸　　　　]排除法を制定。地主から農地を買い取り，小作人に安く売り渡す[❹　　　　]を実施し，[❶　　]を解体。労働三権を保障し，労働三法を制定した。

③**経済の復興** 基幹産業へ資源を重点的に投じる[❺　　　]方式をとり，[❻　　　　](復金)の設立や債券発行により資金を供給。通貨量の急増による「復金インフレ」を引き起こす。GHQは，1948年に経済安定9原則を指令し，[❼　　　◆2]の実施により賃金・物価を統制。すると一転してデフレーションとなり，安定恐慌に陥る。

2 戦後不況からの脱却 〈出る〉

①**朝鮮戦争の勃発** 1950年に朝鮮戦争が始まると，アメリカ軍の武器調達による[❽　　　]が発生し，鉱工業生産が戦前の水準を回復する。

②**急速な経済成長** 1950年代半ばからは[❾　　　　　]とよばれるめざましい成長をとげ，神武景気，岩戸景気，オリンピック景気，いざなぎ景気を経て，資本主義国第二の経済大国となる。1960年には，池田内閣が「[❿　　　　]計画」を発表。

③**国際経済への復帰** 1963年にGATT11条国，1964年にはIMF 8条国へ移行し，同年，[⓫　　　](経済協力開発機構)に加盟する。

④**経済成長の要因** 重化学工業では，「[⓬　　　]の利益」，「集積の利益」が追求される。輸出主導の経済成長が進み，六大企業集団が形成された。

※1 **基幹産業** 石炭，鉄鋼，肥料など。

※2 **債券発行** 復興のために発行された債券は，その大半を日本銀行が引き受けた。

※3 **資金** アメリカの軍事予算から支出されたガリオア(占領地域救済資金)，エロア(占領地域経済復興資金)も，復興資金にあてられた。

※4 **経済安定9原則**
①総予算の均衡
②徴税強化
③信用膨張制限
④賃金安定
⑤物価統制強化
⑥貿易統制改善と外為統制強化
⑦輸出増加のため資材割当改善
⑧重要国産品増産
⑨食料集荷改善

※5 **GATT11条国** 国際収支の悪化を理由に輸入の数量制限ができない国。

※6 **IMF8条国** 国際収支の悪化を理由に為替制限ができない国。

※7 **集積の利益** 一定地域内で集中的に生産することで，経費を節減できる。

● ● ●

◆1 王子製紙，三井鉱山，日本製鐵などの巨大企業が分割された。

◆2 GHQの経済顧問ジョゼフ・ドッジによる，補助金の削減，復金債発行の禁止と新規貸出の全面停止，課税強化による超均衡予算の実現，1ドル=360円の単一為替レートの設定などの政策。

📍Point

▶戦前・戦後の経済…財閥解体，農地改革，労働の民主化
▶戦後不況からの脱却…特需，国民所得倍増計画

図表でチェック

経済の民主化

政策	内容
財閥解体	財閥の一族で構成する ❶_____ を解散させ，支配下企業の分離・独立をはかる。
農地改革	地主所有の土地を ❷_____ に開放する。
労働の民主化	労働基準法・❸_____・労働関係調整法（＝労働三法）を制定。 団結権・団体交渉権・団体行動権（争議権）（＝労働三権）を制定。

ドッジ・ライン

政策	内容
❹_____ の削減	アメリカや日本政府からの援助を切り捨て，自立・安定の道を歩む。
❺_____ 強化による超均衡予算の実現	税収の確保と歳出の削減。
復金債発行の禁止と新規貸出の全面停止	❻_____ 量の膨張を食い止める。
1ドル＝360円の単一為替レートの設定	海外市場と連携した開放経済体制に切りかえる。

GDPと実質GDP成長率

❼_____ 景気　❽_____ 景気　❾_____ 景気

なべ底不況　昭和40年不況　石油危機　第1次　74年不況
実質GDP成長率
GDP
1955　58　60　62　64　66　68　70　72　74年（内閣府資料）

正誤判断でチェック

内容の合っているものには○，誤っているものには×をつけよう。

① GHQ（連合国軍総司令部）の指令の下，財閥を解体した。（センター本試）　[　]

② ドッジ・ラインにおいて，1ドル＝308円の単一為替レートが設定されて，貿易振興をはかった。（近畿大）　[　]

③ 赤字国債の積極的発行により，日本経済はドッジ・ラインによる安定恐慌を脱した。（センター本試）　[　]

④ 神武景気や岩戸景気の後に生じた不況は，好況時に悪化した国際収支を改善するための金融引き締め政策が一因となってもたらされた。（センター本試）　[　]

⑤ 長期で大型のいざなぎ景気は，日本列島改造論に基づく大規模な公共投資が一因となってもたらされた。（センター本試）　[　]

⑥ 高度経済成長期における活発な設備投資を背景に，国内製造業の中心は，重化学工業から軽工業へと変化した。（センター本試）　[　]

31 オイル・ショック後の日本経済

解答 別冊p.17

※＝さらにくわしい説明, ◆＝解答を導くためのヒント

❗重要語句でチェック

1 高度経済成長の終わり

①**世界経済の変動** 1971年, アメリカがドルと金の交換を停止し, ドルが暴落する。これを[❶　　　　　◆1]とよぶ。

②**日本経済の動向** 1973年, 日本も変動相場制※1に移行し, 円高が進んで輸出産業が打撃を受ける。同年, 第4次中東戦争を機に[❷　　　◆2]（石油輸出国機構）が原油価格を引き上げ, 先進国の経済がスタグフレーションに陥る。これを第1次[❸　　　　　]（オイル・ショック）とよぶ。

③**高度経済成長の終わり** 経済成長率はマイナスへ転じ, 企業は人員整理などの[❹　　　]経営を進め, 省エネと省資源※2に取り組んだ。産業構造も資源多消費型経済から高付加価値※3の[❺　　　　　産業]へ転換。

④**景気の回復** [❻　　　成長]の時代となり, 輸出は好調となるが, その一方でアメリカなどとの間で[❼　　　　　]が深刻になる。

2 産業構造の転換

①**経済政策の転換** 1979年に[❽　　　　　　]が発生。1980年代には[❼]の深刻化を背景に, 外需主導型から[❾　　　　経済◆3]への転換をはかる。

②**産業構造の転換** [❿　　　産業]の比重が急速に高まり, [⓫産業構造の　　　化※4]が進む。[❿]はサービスの生産が主体であることから, この変化は[⓬経済の　　　　]とよばれた。また, モノよりソフトの価値が高まる[⓭経済の　　　　]も同時に進行する。この変化は[❿]だけでなく, 第二次産業における加工組立型産業においても見られた。

③**日米経済摩擦** 貿易不均衡を是正するため, 通商法301条の改正法であるスーパー301条※4が成立。[⓮　　　協議]が開かれ, アメリカは日本の内需拡大を求めた。[⓮]は日米包括経済協議へと引き継がれた。

④**財政再建** 1980年代後半, 日本は新自由主義に基づく「小さな政府」づくりを進め, 国鉄, 電信電話, 専売の3公社の民営化, 規制緩和などを実施した。

※1 **変動相場制** 通貨の交換比率を固定せず, 金融市場における需要と供給に応じて変動させる制度。

※2 **省資源** 省資源型の製品には, マイクロ・エレクトロニクス, バイオテクノロジーなどがある。

※3 **高付加価値** 収益性が高く, 他の企業の製品にはない創造性があること。

※4 **スーパー301条** 日本が不公正な貿易を行った場合は, アメリカが報復措置をとることとした。

◆1 巨額の財政赤字でドルが海外へ流出したため, アメリカは大量のドル紙幣を発行した。この結果, 金との交換を継続することが困難となった。

◆2 産油国の利益を守り, 石油を安定的に供給することを目的として, 1960年に, イラン, イラク, クウェート, サウジアラビア, ベネズエラを原加盟国として発足した。

◆3 日銀総裁だった前川氏を中心とする経済構造調整研究会が, 1986年に中曽根首相に提出した「前川レポート」において主張された。

◆4 就業構造の比重が第一次産業から第二次産業へ, さらに第三次産業へ移行していく傾向を, ペティ・クラークの法則という。

🅿️Point
▶高度経済成長の終わり…石油危機により安定成長へ
▶産業構造の転換…産業構造の高度化, 経済のソフト化・サービス化

図表でチェック

日本の産業別就業人口の推移

❶ _____ 産業…自然界のものをとったり，栽培したり，養殖したりする農林水産業。

❷ _____ 産業…工業によってものをつくる製造業，建設業，鉱業。

❸ _____ 産業…ものではなく，サービスを提供する商業，運輸，通信業など。

(2013年版「朝日ジュニア学習年鑑」)

日米経済摩擦

年	できごと
1955	「1ドルブラウス事件」により，日米貿易 ❹ _____ が始まる
1969	対米 ❺ _____ 輸出を自主規制
1977	対米 ❻ _____ 輸出を自主規制
1981	対米 ❼ _____ 輸出を自主規制
1986	日米 ❽ _____ 協定を結ぶ
1987	対米工作機械輸出を自主規制
1988	日米牛肉・オレンジ自由化協定を結ぶ。アメリカで包括通商・競争力強化法が制定される
1989	スーパー ❾ _____ 条で，スーパーコンピュータ，衛星，木材が指定される
1990	日米構造協議の合同報告
1992	対米自動車輸出自主規制枠を削減
1993	日米 ❿ _____ 経済協議を開始
2001	日米で年次改革要望書の交換を開始

正誤判断でチェック

内容の合っているものには○，誤っているものには×をつけよう。

① 第2次石油危機の影響で，日本経済は1979年にマイナス成長に陥った。(オリジナル) [ ]

② 二度の石油危機を契機に，省資源・省エネルギー型の加工組立産業が発展した。(オリジナル) [ ]

③ ペティ・クラークの法則によれば，経済が発展すると，第一次産業の比重が低下する。(センター本試) [ ]

④ 日米構造協議では，日本経済の制度，慣行，規制が議論の対象とされた。(センター本試) [ ]

⑤ 日米包括経済協議では，日本によるコメの輸入開始が合意された。(センター本試) [ ]

⑥ 日米包括経済協議において，自動車分野の決着で個別分野の交渉は終了したが，規制緩和や競争政策などについては交渉がまとまらず，日米間での継続協議となった。(成蹊大) [ ]

32 日本経済の現状

解答 別冊p.18

❈=さらにくわしい説明，◆=解答を導くためのヒント

!重要語句でチェック

1 バブル経済

①**円高の進行** 1985年，ドル高是正のため[◆1 ①　　　　　]がなされ，日本では急速な円高が進んだ。円高の影響を回避するため，企業が海外に工場を移すなど，産業の空洞化が懸念されるようになった。輸出不振による[② 　　不況]と，内需拡大に対応するための超低金利政策によって余剰資金が生まれ，株式や土地の投資へ向かう。

②**景気の好転** ルーブル合意によって為替相場が安定すると，1987年から景気が好転し，[③　　　　　](バブル景気)が始まる。

③**バブルの崩壊** 株価と地価が高騰し，[④◆2　　効果]を通じて贅沢品が売れる。しかし，金融引き締めと不動産融資総量規制❈1が実施されると，1991年から株価と地価が暴落した。

④**長期にわたる不況** バブル崩壊に始まる深刻な不況を[⑤　　不況]という。財テク❈2に走っていた企業や個人には多額の債務が発生し，金融機関は巨額の[⑥◆3　　　　]を抱えた。

⑤**「失われた10年」❈3** 1990年代，銀行の「貸し渋り❈4」，「貸しはがし❈5」で中小企業が倒産。企業は経営の再構築([⑦　　　　　　　])の名目で人員を削減。雇用が減り，失業率が上昇する。

2 日本経済の再生

①**小泉内閣の改革** 2001年に成立した小泉政権は，市場原理を重視した新自由主義的な[⑧　　改革]を進めた。[⑧]は，自由化，規制緩和，民営化を掲げ，[⑨　　民営化◆4]，[⑩　　改革◆5]，道路関係4公団の民営化，財政投融資改革，地方分権を進める「三位一体の改革」を断行。全国各地に[⑧]特区が設けられ，実験的な事業が展開した。

②**金融自由化の影響** アメリカのサブプライムローン問題を発端に，2008年に[⑪　　危機]が発生。日本に対する影響は大きく，経済成長率はマイナスを記録する。

③**災害の影響** 2011年3月に発生した[⑫　　　　　]と福島第一原子力発電所事故の影響により，貿易収支は赤字に転落。災害復興のために財政赤字がふくらむ。

❈1 **不動産融資総量規制** 不動産向けの融資の増勢を総貸出しの増勢以下に抑制するよう，大蔵省による行政指導が行われた。この結果，不動産や建設の取引が縮小し，地価の暴落をまねいたといわれる。

❈2 **財テク** 低金利の下で調達された資金を，株式や土地の購入にあてること。

❈3 **「失われた10年」** 1990年代後半の消費税増税(3％から5％へ)やアジア通貨危機も，不況からの立ち直りを妨げた。

❈4 **貸し渋り** 銀行が企業への貸し出しを抑制すること。

❈5 **貸しはがし** 銀行が貸し付けていた資金を，企業から強引に回収すること。

◆1 保護主義の台頭を懸念したG5(先進5か国財務相・中央銀行総裁会議)が，為替相場へ協調介入を実施することに合意した。

◆2 保有する株式や土地の価格が上昇することで，消費行動や投資が活発化すること。

◆3 銀行が行った融資のうち，回収の見込みがなくなったもの。

◆4 郵政3事業(郵便・郵便貯金・簡易保険)は分社化・民営化され，日本郵便株式会社・株式会社ゆうちょ銀行・株式会社かんぽ生命保険などからなる日本郵政グループの持株会社(日本郵政株式会社)へと移行した。

◆5 国の政策のために設立された公団，公庫などの特殊法人のうち，非効率なものが廃止，独立行政法人化，民営化された。

Point
▶オイル・ショック後の日本経済…円高不況→平成(バブル)景気→平成不況
▶日本経済の現状…構造改革→世界金融危機→東日本大震災の影響

図表でチェック

GDPと実質GDP成長率

❶ 不況　❷ 景気　❸ 不況　戦後最長の景気拡大
第2次石油危機

バブル崩壊と日本経済

年	できごと
1989	日経平均株価が史上最高値をつける
1991	日本銀行が❹　　　の引き下げに転じる
1994	5年ぶりに赤字国債が発行される
1995	木津信用組合，兵庫銀行が破綻。住専処理のため公的資金投入が決定される
1997	❺　　　の税率が3%から5%に引き上げられる。アジア通貨危機がおこる
	❻　　　拓殖銀行が破綻する。❼　　　證券が自主廃業する
1998	❽　　　関連法が成立する。日本長期信用銀行が一時国有化される
1999	日本銀行がゼロ金利政策を決定する
2001	日本銀行が❾　　　政策を決定する。小泉純一郎内閣が発足する

正誤判断でチェック

内容の合っているものには○，誤っているものには×をつけよう。

① プラザ合意後の円高不況と貿易摩擦のなかで，国内製造業においては，労働力をより多く用いる労働集約的な生産方法への転換が進んだ。（センター本試）　[　]

② 1980年代後半のバブル期には，経済成長を持続させるため，大幅な財政支出の拡大を継続した。（東京経大）　[　]

③ 1990年8月に6.0%であった公定歩合は，1995年9月0.5%に至るまで，段階的に一貫して引き下げられた。（成蹊大）　[　]

④ 日本の金融機関では，バブル崩壊後，経営再建のために護送船団方式が採用された。（センター本試）　[　]

⑤ 1990年代後半には，消費者物価の下落が始まり，実質所得が増加したことから，消費が増加した。（東京経大）　[　]

8章 日本経済のあゆみ 定期テスト対策問題

解答 別冊p.18

1 〈経済復興から高度成長へ〉
▶▶▶ わからないとき→p.78〜79

次の文を読み，あとの問いに答えなさい。〔(1)各3点，他各4点 計33点〕

(a)第二次世界大戦直後の日本経済は，物資・食料の不足から激しい ① に見舞われた。アメリカ政府は，1948年12月に連合国軍最高司令官マッカーサーに対し ② を指示した。そして，その具体化を，翌年にトルーマン大統領の意を受けた連合国軍総司令部(GHQ)の特別顧問が発表した ③ に委ねた。この際，総需要抑制策ともいえる緊縮財政政策がとられ，1949年度にはそれまでの財政の，民間に対する資金の支払いと引きあげの関係を逆転させた。さらに，復興金融金庫の債券発行を禁止し，新規貸出を停止した。これは ④ 供給の面から①を抑えようとする試みであった。加えて，1949年4月に1ドル＝ ⑤ 円の単一為替レートを設定する。こうして戦後の①は終息に向かうが，日本経済は深刻な不況に陥ることとなる。この不況からの脱出には，1950年の ⑥ 勃発による特需を待たねばならなかった。その後，日本経済は(b)高度経済成長へと向かう。 ⑦ 年には日本の一人あたり実質国民総生産(GNP)が戦前水準(1934〜36年平均)を超える。

(1) ①〜⑦にあてはまる語句・数字を，ア〜セから1つずつ選びなさい。
ア 210 イ 360 ウ 1955 エ 1968 オ 通貨
カ ベトナム戦争 キ シャウプ勧告 ク 朝鮮戦争
ケ ドッジ・ライン コ 兌換紙幣 サ デフレーション
シ 経済安定9原則 ス 国民所得倍増計画 セ インフレーション

(2) 下線部(a)について，生産基盤を立て直すため，資材・資金・労働力を基幹産業に重点的に注ぎこんだ生産方式を何というか。

(3) 下線部(b)について，次の問いに答えなさい。
A 追求された利益のうち，設備の大型化と工程の一貫化による利益を何というか。
B OECD加盟後の1967年以降，日本は国際間の（　）取引を段階的に自由化していった。（　）にあてはまる語句を書きなさい。

2 〈オイル・ショック後の日本経済〉
▶▶▶ わからないとき→p.80〜81

次の文を読み，あとの問いに答えなさい。〔(4)B 7点，他各4点 計43点〕

1973年，第4次中東戦争の勃発にともない，アラブ産油国が石油輸出を制限し， ① も価格を大幅に引き上げたため，(a)世界各国が不況に陥った。これが第1次 ② である。これによって高度経済成長は終わり，年率3〜5％の ③ の時代を迎えた。1980年代には，「省資源・ ④ 」を合言葉に(b)企業は合理化を進め，強い競争力を持つに至った。1985年には， ⑤ による円高ドル安誘導政策が円高不況をもたらした。日本が大量の工業製品を欧米に輸出するようになると，それらの国々の個別の分野と経済摩擦を引きおこすようになった。日米経済摩擦では，財政赤字と貿易赤字という「 ⑥ 」を抱えたアメリカの対日貿易収支の赤字を背景に，(c)日米間で通商交渉が行われた。

1
(1)
① ____
② ____
③ ____
④ ____
⑤ ____
⑥ ____
⑦ ____

(2) ____

(3) A ____
　　B ____

ヒント
(1)①債券発行によって復興資金を調達し，その大部分を日本銀行が引き受けたことがおもな原因。
③この政策により，通貨増発は抑えられてインフレーションは収束したが，復金融資の停止やデフレーションで倒産・解雇が増え，朝鮮特需に至るまで不況が続いた。
(3)A石油化学コンビナートに代表される。
B1960年代から1970年代にかけて，段階的に自由化が実施されていった。

2
(1)
① ____
② ____
③ ____
④ ____
⑤ ____
⑥ ____

(2) ____

(3) ____

(1) ①～⑥にあてはまる語句を，ア～コから1つずつ選びなさい。
　ア　省エネ　　イ　ASEAN　　ウ　双子の赤字　　エ　安定恐慌
　オ　石油危機　カ　安定成長　キ　OPEC　　　　ク　ルーブル合意
　ケ　低成長　　コ　プラザ合意
(2) 下線部(a)は，世界がかつて経験したことのない「不況下のインフレーション」という状況をもたらした。この状況を何というか。
(3) 下線部(b)について，企業はどのような産業への構造転換をはかろうとしたか。あてはまるものを，ア～エから1つ選びなさい。
　ア　重厚長大型産業　　イ　資源多消費型経済
　ウ　知識集約型産業　　エ　資本集約型産業
(4) 下線部(c)について，次の問いに答えなさい。
　A　アメリカは1989年に（　）を発動して，日本からの輸入制限に踏み切った。（　）にあてはまる対外制裁に関する条項を書きなさい。
　B　アメリカ政府による保護主義的な政策の採用を避けるため，日本の輸送機械や電気機械産業はどのような行動をとったか。簡単に説明しなさい。

❸〈日本経済の現状〉
次の文を読み，あとの問いに答えなさい。　〔各3点　計24点〕

　1980年代後半には，(a)日本経済はいわゆる　①　経済により高い経済成長を実現したが，1989年に金融引き締めが始まると，①崩壊へ向かった。資産価格の大幅な下落により　②　問題が発生し，その処理が大きな課題となっていった。1990年代は日本経済が「(b)失われた10年」といわれたのに対して，アメリカ経済では　③　により高い経済成長を実現した。(c)日本経済は2002年初めから回復に向かったが，2008年には　④　を発端とする世界同時株安，世界金融危機の影響を大きく受け，不況に陥った。

(1) ①～④にあてはまる語句を，ア～カから1つずつ選びなさい。
　ア　IT革命　　イ　復金インフレ　　ウ　リーマン・ショック
　エ　不良債権　オ　バブル　　　　　カ　エネルギー革命
(2) 下線部(a)について，株価や地価の大幅な上昇は，消費需要を押し上げた。このような効果を何というか。
(3) 下線部(b)に関する説明として誤っているものを，ア～エから1つ選びなさい。
　ア　1990年代前半には，財政支出の拡大で景気刺激策が採用されたが，十分な効果は見られず，無駄遣いとの批判がおこった。
　イ　1990年代半ばには，経常収支の大幅な黒字を背景に急速な円高が進んだ。
　ウ　1990年代末には，金利をゼロにして消費者を消費から貯蓄へ向かわせ，デフレ危機脱出を試みるゼロ金利政策が採用された。
　エ　1990年代後半の橋本政権下では，財政再建のため消費税の増税や公共事業削減，社会保障負担増が行われた。
(4) 下線部(c)の時期に行われた，新自由主義的な改革を何というか。
(5) 下線部(c)をもたらした要因として最も適切なものを，ア～エから1つ選びなさい。
　ア　財政支出によるインフラ整備　　イ　金融緩和によるデフレ解消
　ウ　アメリカ・中国の経済成長による輸出増　　エ　大幅な所得税減税

9章 日本経済の課題

33 公害と環境保全

解答 別冊p.19

※=さらにくわしい説明，◆=解答を導くためのヒント

❗ 重要語句でチェック

1 公害問題

①**種類** 生産過程に起因する産業公害，人口や交通の集中による都市公害，生活系のゴミによる [①　　　　公害] などがある。

②**環境基本法による定義** [②　　　　汚染]，水質汚濁，土壌汚染，騒音，振動，地盤沈下，悪臭に区分される。

③**明治時代** [③　　　　事件]※1や別子銅山煙害事件がおこる。

④**高度経済成長期** 企業が成長第一主義をおし進め，水俣病，新潟水俣病，四日市ぜんそく，イタイイタイ病の [④　　　　] が発生。被害者が訴訟をおこし，いずれも原告が勝訴。被害救済の原則が確立。

⑤**公害対策** 1967年に [⑤　　　　法] を制定し，1970年には公害対策関係14法を制定。1971年には [⑥　　　　]◆2を設置して，公害行政を一元化。1974年には公害健康被害補償法※1を制定。

⑥**汚染問題にかかる社会的費用の負担** [⑦　　　　の原則]◆3（PPP）を企業に対して導入。無過失責任※2が課されるようになった。

⑦**排出量の直接規制** 一律に排出基準を決めて企業に守らせる濃度規制と，地域全体の総排出量を決め，全企業の総排出量がそれをこえないようにする [⑧　　　　] がある。

⑧**公害の未然防止** [⑨　　　　]◆4（環境影響評価）の義務。

2 環境問題

①**環境問題の変化** 都市・生活型の公害やハイテク汚染，産業廃棄物問題など，新しい環境問題の展開をふまえ，1993年に [⑩　　　　法] を制定するとともに，環境基本計画を数回にわたって策定。

②**循環型社会** 2000年に [⑪　　　　法] を制定し，3R運動※3を進め，ゼロ・エミッション社会※4をめざす。

③**地球規模の環境問題** 地球サミット※5では，「[⑫　　　　な発展]」を宣言。1997年の [⑬　　　　議定書]◆6では，CO₂排出量削減目標を設定。

🅿 Point

▶公害対策…公害対策基本法，公害対策関係14法，汚染者負担の原則
▶環境問題対策…環境基本法，循環型社会形成推進基本法

※1 **公害健康被害補償法** 被害者は裁判の判決を待つことなく，治療費などの給付を受けることができるようになった。

※2 **無過失責任** 健康被害を引きおこした場合，故意・過失の有無にかかわらず，損害に対する賠償責任を負わせる制度。

※3 **3R運動** リデュース（減らす），リユース（再利用），リサイクル（再生利用）。

※4 **ゼロ・エミッション社会** 生産活動から出される廃棄物を資源として利用し，廃棄物を出さないことをめざす。

※5 **地球サミット** 1992年の国連環境開発会議のこと。

◆1 栃木県選出の代議士・田中正造が，地元住民の救済活動を進めた。

◆2 2001年の省庁再編で環境省へ昇格した。

◆3 環境対策の費用を，汚染の原因を発生させた者が負担すべきであるとする原則。費用負担は生産者のみでなく，消費者にも課せられる。

◆4 空港やゴミ処分場など大規模な開発にあたって，環境への影響，環境破壊の防止策などを総合的に評価する。

◆5 将来の世代の経済・社会的利益を損なわない範囲内で，現在の世代が環境を利用していこうとする考え。

◆6 気候変動枠組条約の第3回締約国会議で採択された。

図表でチェック

四大公害と訴訟の結果

病名	提訴～判決年	場所・原因物質	判決内容（賠償金）
❶	1969～73年	水俣市 工場廃液中の❷	原告勝訴 （約9.4億円）
❸	1968～72年	神通川流域 亜鉛製錬副産物の❹	原告勝訴 （約1.5億円）
❺	1967～71年	阿賀野川流域 工場廃液中の❷	原告勝訴 （約2.7億円）
❻	1967～72年	四日市市 工場排出の硫黄・窒素酸化物	原告勝訴 （約0.9億円）

地球環境問題の相互関係

先進国　開発援助 → 環境への配慮が不足 → 発展途上国の公害

❼ 酸化物・窒素酸化物　❽
化石燃料の使用
❾
温室効果ガス　❿ 温暖化
高度な経済活動　過放牧・過耕作
経済活動水準の上昇
化学物質の使用
⓫ の急増
森林の減少　焼畑農業
フロンガス
⓬ 多様性の減少　貧困・対外債務
⓭ の破壊
国際取引　⓮ 廃棄物の越境移動
発展途上国

正誤判断でチェック

内容の合っているものには○，誤っているものには×をつけよう。

① 新潟水俣病は，新潟県阿賀野川流域で三菱油化が有機水銀をふくむ廃液を流出させたことで生じ，その裁判の提訴日は四大公害のうち最も早かった。（東京経大）　[　]

② 環境影響評価法の環境アセスメントは，事業の許認可に際して行政機関が行う。（オリジナル）　[　]

③ アメリカが京都議定書から離脱を表明したため，議定書の発効は危ぶまれたが，2004年にロシアが批准を表明し，2005年に発効した。（東京理大）　[　]

④ オゾン層がフロンなどにより破壊されると，地表に届く有害な赤外線の量が増える。これにより，皮膚がんや白内障の発症率が高まるといわれている。（法政大）　[　]

34 消費者問題

解答 別冊p.19

※＝さらにくわしい説明，◆＝解答を導くためのヒント

重要語句でチェック

1 消費者問題

①**消費者の生活** 消費者は商品に関する情報を十分にもたない。このことを情報の[❶　　　]性という。このため，広告や宣伝によって商品を購入する[❷　　　効果]や，知人がもっているというだけの理由で商品を購入する[❸　　　　　効果]に陥ることが多い。こうして消費者の利益は損なわれ，消費者問題が発生する。

②**消費者の権利** 市場経済における生産のあり方を最終的に決定するのは消費者の購買行動であるとする考え方を[❹　　　　　]という。欠陥商品や不当価格による消費者の被害が続いたアメリカでは，1962年，ケネディ大統領が消費者の四つの権利を示した。

2 消費者行政の変化

①**消費者保護** 地方自治体は消費生活センターを，政府は国民生活センターを設置した。1968年には，消費者保護基本法が制定された。これは，消費者の自立を基本理念とする[❺　　　　法]へと改正(2004年)。

②**消費者の救済** 1994年制定の[❻　　　　　]◆¹(PL法)において，欠陥商品の被害救済について企業の無過失責任を定めた。訪問販売などの契約を一定期間内なら解消できる[❼　　　　制度]を拡大。

③**法制度の整備** [❽　　　法]の制定で，事業者に不当な行為があれば消費者は契約を解除できるとされ，2006年の改正で，国の認めた消費者団体が被害者に代わって訴訟をおこす消費者団体訴訟制度が始まる。食品表示偽装事件を受け，[❾　　　　法]を制定，食品安全委員会が設置された。2009年には，消費者行政の一元化のために[❿　　　　　]を設置。

④**契約** 法律的な義務を負う約束。クレジットカードの普及により，安易な売買契約から多重債務に陥り，自己破産に至るケースが増えている。この対策として，利息制限法の灰色金利(グレーゾーン金利)を撤廃。

⑤**消費者団体の運動** [⓫　　　　　](生協)が，食の安全やリサイクルを推進。[⓬　　　　運動]という，環境に配慮した購入活動が広がりを見せる。

※1 **消費者問題** 悪徳商法(キャッチセールス，マルチ商法など)，不当表示，欠陥商品，誇大広告など。

※2 **消費者の四つの権利** 安全である権利，知らされる権利，選択できる権利，意見を反映される権利，からなる。この提言により，コンシューマリズム(消費者主義)が台頭した。

※3 **不当な行為** 不実告知，断定的判断の提供，不利益事実の不告知，困惑などの行為が，契約取り消しの対象となる。ただし，誤認に気づいてから6か月以内，あるいは契約から5年以内の場合に認められる。

※4 **食品表示偽装事件** 産地表示やトレーサビリティ(流通経路が追跡可能であること)を明確にする試みが進められる。

※5 **契約** 契約関係は個人の自由意志に基づいて結ばれ，国家は干渉してはならないという契約自由の原則がある。

※6 **灰色金利(グレーゾーン金利)の撤廃** 貸金業法の制定により，執拗な取り立ての禁止，借り手の自殺の生命保険による返済の禁止などが定められた。

● ● ●

◆1 適正な製品の使用により事故がおこった場合，その製品には欠陥があったと推定する「欠陥の推定」は導入されていない。

◆2 一定期間内であれば，無条件で購入申し込みの撤回，契約の解除ができる。特定商取引法で定められた。

◆3 価格が高くても環境に配慮した商品のほうを選択する，エコマークのついた商品を購入するなど，環境意識の高い消費者のこと。

Point

▶**消費者問題**…依存効果・デモンストレーション効果→消費者主権を侵害
▶**消費者行政の変化**…消費者基本法，消費者契約法，消費者庁

図表でチェック

消費者の四つの権利

権利	内容
❶____である権利	健康・生命に危険な製品やサービスから守られること
❷____権利	選択に際して必要な情報をあたえられ，誤解をあたえる広告や表示から守られること
❸____できる権利	競争価格で提供され，かつ満足のいく質をもつ製品・サービスがたくさんあり，そのなかから選ぶことができること
❹____を反映される権利	企業が製品・サービスを開発する際に，消費者の代表的な利益が反映されること

消費者運動のあゆみ

年	できごと	年	できごと
1948	消費生活協同組合法の制定	1979	琵琶湖汚染防止のため滋賀県が❽____追放条例を制定
1951	日本生活協同組合連合会の結成	1983	サラ金規制法の制定
1955	森永ヒ素ミルク中毒事件の発生	1985	悪徳商法が多発し，社会問題となる
1957	第1回全国消費者大会の開催	1994	製造物責任法（PL法）の制定
1961	日本消費者協会の設立	1996	厚生省がHIV薬害責任を認めて謝罪
1962	サリドマイド事件の発生	2000	消費者契約法の制定。訪問販売法の改正（特定商取引法に改称）。金融商品販売法の制定
1968	❺____の制定／カネミ油症事件の発生		
1970	国が❻____を設立／スモン病問題でキノホルムの販売を中止	2003	アメリカでBSE（牛海綿状脳症）感染牛発見。❾____の制定
1972	PCBによる汚染魚問題の発生	2004	消費者基本法の制定
1973	第1次❼____によるモノ不足騒ぎ	2005	預金者保護法の制定
1976	訪問販売法の制定	2006	貸金業法の改正
		2009	消費者安全法の制定。消費者庁の設置

正誤判断でチェック

内容の合っているものには○，誤っているものには×をつけよう。

① 消費者保護基本法は，消費者の権利の尊重と自立の支援を消費者政策の柱に据えた。（早稲田大）［　］

② 訪問販売等に関する法律（訪問販売法）は，訪問販売や通信販売などについて，代金支払後でも7日以内ならば，一定の条件が満たされた場合に解約を認める制度を設けた。（早稲田大）［　］

③ 消費者契約法で，消費者を保護するための国民生活センターが設立された。（オリジナル）［　］

④ 製造物責任法（PL法）は，メーカーは過失があれば損害賠償責任を負うと定めた。（オリジナル）［　］

⑤ 国産牛肉のトレーサビリティを確保するために，牛を個体識別する制度が導入された。（センター本試）［　］

⑥ サラ金規制法の改正によって，グレーゾーン金利が認められている。（センター本試）［　］

35 農業・食料問題

解答 別冊p.19

※＝さらにくわしい説明，◆＝解答を導くためのヒント

❗ 重要語句でチェック

1 日本の農業

①**戦後の農業** 農地改革で，寄生地主制が廃止され，農業生産力は向上。しかし，高度成長期の産業構造の[❶　　]化により，国内総生産に占める農業生産の比率，農業就業者の割合ともに低下し続けた。

②**農村の問題** 農業就業者の高齢化※1とともに[❷　　]不足が深刻化。一定期間をこえて耕作が行われない[❸　　]◆1が増加。

③**農家の分類** 農業収入が主である[❹　　]農家◆2，準主業農家※2の減少が著しい。

④**食料自給率** 農業生産の低下とともに著しく下がり，日本は世界一の農産物純輸入国となった。

2 農業政策の変化

①**農業に関する立法** 地主制の復活を防ぐため，1952年，[❺　　]法を制定したが，経営規模の縮小をまねく結果となった。1961年には[❻　　]法が制定され，農業と他産業との格差を縮めるために流通の合理化，経営規模の拡大などが進められた。

②**米の管理** 政府が農家から米などを買い上げる[❼　　]制度◆3が行われた。しかし，食生活の変化などで米が余るようになり，1970年からは[❽　　]政策◆4により，作付制限が進められた。

③**農業の国際化** GATTのウルグアイ・ラウンド※3の決定を受けて，米は1993年に部分開放※4され，1999年からは関税化。現在，輸入制限品目はなくなっている。

④**農業の課題** 1995年には[❾　　]法が施行され，自主流通米が認められる。1999年には[❿　　]（食料・農業・農村基本法）の制定で，農村の振興をはかった。2000年，農地法が改正され，法人形態で農地を取得することが可能となった。農家を保護するための[⓫　　]制度◆5は，農地の大規模化を妨げるとの批判もある。

⑤**農業の展望** 日本は2017年に[⓬　　]◆6（環太平洋経済連携協定）を締結した。翌年3月には日本を含む11か国で署名され，12月に発効した。

※1 **農業就業者の高齢化** 農業就業者の約6割が，65歳以上となっている。

※2 **準主業農家** 65歳未満で年間60日以上農業に従事する者がおり，農業外収入が農業収入より多い農家のこと。65歳未満で年間60日以上農業に従事する者がいない農家は，副業的農家という。

※3 **ウルグアイ・ラウンド** 1986年に開始。自由貿易を促進するための制度であるGATTが設定した，関税などの輸入制限措置の撤廃を協議するもの。

※4 **部分開放** 向こう6年間関税化を見送り，その間に国内消費量の4〜8％の米をミニマム・アクセス（最低輸入量）として輸入することとした。

・・・

◆1 過去1年以上農作物を栽培せず，今後数年の間に再び耕作する予定のない土地のこと。

◆2 65歳未満で年間60日以上農業に従事する者がいる農家のうち，農業収入が農業外収入より多い農家。従来，専業農家と兼業農家（第一種，第二種）に分類されていたが，1995年から新たな分類に変わった。

◆3 米生産農家の保護のため，生産者米価が年々引き上げられた結果，米作から他の作物への転作が妨げられた。

◆4 他の農作物への転作と，米の作付制限による生産調整。

◆5 農産物の販売価格が生産費を下回った場合，その差額を生産者に補償する制度。

◆6 アジア・太平洋地域における貿易自由化，非関税化をめざす包括的な協定。

Point
▶日本の農業…農業就業人口の減少，農業就業者の高齢化，食料自給率の低下
▶農業政策の変化…食糧管理制度→食糧法，減反政策，TPP参加

図表でチェック

農家の分類

- 農家：10a以上の耕地をもって農業をしている世帯。または農作物の販売額が年15万円以上ある世帯
  - 自給的農家：つくった農作物を自給用とし，市場には出さない農家
  - ❶___農家：農作物をつくって市場に出荷し，収入を得ている農家（耕地面積30a以上または販売額年50万円以上）

【旧分類】
- 専業農家：家族に農業以外の仕事をしている人がいない農家
- 兼業農家：家族に農業以外の仕事をしている人がいる農家
  - ❷___兼業農家：農業による収入のほうが多い農家
  - ❸___兼業農家：農業以外の仕事による収入のほうが多い農家

【新分類】
- 主業農家：おもに農業で働く人がいて，農業の所得が主である農家
- ❹___農家：農業以外の所得が主であるが，おもに農業で働く人がいる農家
- ❺___農家：おもに農業で働く人がいない農家

農業政策のあゆみ

年	できごと	年	できごと
1942	食糧管理法の制定	1995	新食糧法の施行
1952	農地法の制定	1999	米の❽___化の実施
1961	農業基本法の制定		食料・農業・農村基本法の制定
1969	❻___制度の発足（政府を通さずに登録販売業者を通じて米を販売する）	2000	農地法の改正で農業経営の❾___化を推進
1970	減反政策の開始	2005	食育基本法の制定
1991	❼___・オレンジの輸入自由化	2010	米の❿___法の施行
1993	米の部分開放の実施	2011	戸別所得補償制度を本格実施

正誤判断でチェック

内容の合っているものには○，誤っているものには×をつけよう。

① 食糧管理制度では，生産者米価より消費者米価を高くして，「逆ざや」を生みだした。（國學院大）　[　]

② 食糧管理制度は，1995年に農家が米を自由に売買することが認められたことにより，廃止された。（オリジナル）　[　]

③ 高度経済成長の時期，農村人口の減少にともなって，農家戸数に占める第二種兼業農家の割合が低下した。（センター本試）　[　]

④ 高度経済成長の時期，GNP（国民総生産）に占める農業生産の割合が低下した。（オリジナル）　[　]

⑤ 減反政策は，自主流通米制度の発足によって，1990年に廃止された。（國學院大）　[　]

⑥ 食糧管理法は，BSE（牛海綿状脳症）や残留農薬による食に対する不安を背景として，食品安全基本法に改正された。（センター本試）　[　]

36 中小企業

解答 別冊 p.20

※＝さらにくわしい説明，◆＝解答を導くためのヒント

!重要語句でチェック

1 中小企業の地位

①**企業の規模** [❶　　　　　　　法]において中小企業と区分される企業は，日本の企業数や従業員数において大きな割合を占める。大企業との間には，生産性，収益性，賃金，[❷　　]◆¹などの面で大きな格差があり，「経済の[❸　　　　構造]」とよばれる。

②**大企業と中小企業** 中小企業が大企業の下請けとして生産を請け負う。大企業と密接な関係にある[❹　　　　企業]に組み込まれることが多い。大企業は下請け企業を支援して，自らの競争力を高めてきた。※²

③**中小企業の問題点** 労働条件が劣悪である。労働組合の組織率が低い。不況の際は大企業からの発注を減らされ，「景気の安全弁」※³として生産調整の役割をしいられる。

2 中小企業の変化

①**高度経済成長期の変化** 労働力の不足にともない，中小企業の賃金は向上し，技術革新により大企業との生産性の格差も縮まってきた。

②**1980年代の変化** 円高の進行※⁴，新興国の成長にともない，陶磁器，繊維，金属食器などを生産する伝統的な[❺　　　　産業]は，経営に苦しむようになる。

③**先駆する中小企業** グローバル化が進むと，大企業が踏み出せない分野で先駆的な事業を[❻　　　　]◆²が手がけるようになる。市場規模の小さい「すきま」に活路を見出す[❼　　　　]◆³とよばれる企業・産業もある。弱者の支援など，社会問題の解決を目標とする[❽　　　　企業]や，コミュニティ・ビジネス※⁵も増えている。

④**中小企業政策** [❾　　]が1999年に改正され，中小企業の「多様で活力ある成長発展」が支援される。それとともに，新事業の展開により地域経済を支える[❾　　　　]◆⁴の形成，異分野連携などが課題として示される。2005年には[❿　　　　]が制定され，会社設立の際の最低資本金の制限が撤廃された※⁶。

⑤**資本市場の整備** ジャスダック，マザーズなどの[⓫　　　　市場]が設けられ，中小企業発展の後押しをしている。

※1 **中小企業** 製造業においては，資本金の額または出資の総額が3億円以下の会社，または常時使用する従業者の数が300人以下の会社，および個人をさす。

※2 トヨタ自動車で採用されたジャスト・イン・タイム生産方式などが典型的な例。下請け工場との間で「かんばん」とよばれる伝票をやりとりすることで，部品の生産量や納期を伝達する。

※3 **「景気の安全弁」** 特に派遣労働者などの非正規雇用者，外国人労働者の雇用が変動しやすい。

※4 **円高の進行** 「円高不況」とよばれる現象がおきた。

※5 **コミュニティ・ビジネス** 地域的な課題に取り組む事業。医療，環境，災害支援などの分野に見られる。

※6 **最低資本金の制限の撤廃** 資本金1円からの会社設立が可能になった。

・・・

◆1 労働者1人あたりの資本設備額（生産活動を行うために利用する設備の額）。この数値が高くなるほど，労働生産性は高まる。

◆2 1990年代以降にIT革命が進むと，情報通信産業の分野で著しい成長を見せた。

◆3 市場規模が小さく，小回りの利かない大企業では参入が難しい分野。

◆4 産官学の広域的な人的ネットワークの構築，中小企業の実用化技術開発の推進，起業家育成施設の整備などが重視されている。

Point

▶中小企業の地位…生産性，賃金，資本装備率などの面で大企業に劣る
▶中小企業の変化…ベンチャー・ビジネス，ニッチ

9章 日本経済の課題 | 93

図表でチェック

企業の規模別の比較

事業所数 ― 0.8% ／ 99.2 ― 資本金3億円以下または従業員300人以下の ❶[　　　]（製造業の場合）

❷[　　　]数 ― 29.7% ／ 70.3

出荷額 ― 53.0% ／ 47.0 ― ❶より経営規模が大きい ❸[　　　]

（2010年）　（2013/14年版「日本国勢図会」）

「経済の二重構造」の要因

経営の形態	中小企業は❹[　　　]経営が主体の零細企業が多かった。
労働者の立場	❺[　　　]の組織率が低く，経営者に対する労働者の立場が弱い。
大企業との関係	機械，繊維，衣服などの分野において，大企業の❻[　　　]として生産活動を行う。→生産条件や労働条件が劣る。

正誤判断でチェック

内容の合っているものには○，誤っているものには×をつけよう。

① 中小企業基本法のおもな政策目標は，中小企業の「多様で活力ある成長発展」から，「大企業との格差是正」へと変更された。（センター本試）　[　]

② 中小企業の資本装備率（労働者1人あたりの資本設備額）は，大企業の資本装備率を下回っている。（センター本試）　[　]

③ 日本全体の企業数や従業者数に占める中小企業の比率は20%以下であり，大企業の比率が圧倒的に大きい。（京都産大）　[　]

④ 中小企業の従業員の賃金は，大企業の従業員のそれと比べると，平均して低くなっている。（京都産大）　[　]

⑤ 日本の中小企業は家族経営の零細企業が多く，労働組合の組織率も，大企業に比べると低くなっている。（京都産大）　[　]

⑥ 中小企業と大企業との間に，二重構造とよばれる賃金などの労働条件や生産性に関する格差が存在する。（センター本試）　[　]

⑦ 電子商取引の発達や不況によって，中小企業の破綻が増加し，全事業所数に占める中小企業の割合が50%を下回った。（センター本試）　[　]

37 雇用と労働問題

解答 別冊p.20

※=さらにくわしい説明，◆=解答を導くためのヒント

❗ 重要語句でチェック

1 労働問題の発生

①**労働問題の発生** 資本家と労働者は[❶　　　　]の原則]に基づき，自由な契約の主体として労働契約を結ぶ。しかし，産業革命の進展にともない，労働者は長時間・低賃金の劣悪な労働条件をしいられた。

②**労働運動の展開** 労働者は[❷　　　　]を結成して，資本家に対抗。イギリスでは，機械打ちこわし運動(ラッダイト運動)がおこった。国際的組織化※1が進み，1919年，[❸　　　　](ILO)を設立。

③**日本の労働運動** 労働組合期成会，友愛会などの活動に対し，政府は治安警察法や治安維持法※2で弾圧。戦時中，[❷]は大日本産業報国会に統合。

④**労働三権** 第二次世界大戦後は，日本国憲法で[❹　　　]◆1，団体交渉権，団体行動権(争議権)※3の労働三権を保障した。

⑤**労働三法** 労働条件の最低基準を[❺　　　]法(1947年)に規定。労働者が[❷]を結成する権利，使用者の不当労働行為※4の禁止などについて[❻　　　]法◆2(1945年)で規定。労働委員会※5が斡旋・調停・仲裁などによる争議の調整について，労働関係調整法(1946年)に定める。

⑥**労働組合運動** [❼　　　](日本労働組合総評議会)と同盟(全日本労働総同盟)が主導。1980年代には，[❽　　　](全日本民間労働組合連合会)，全労連(全国労働組合総連合)，全労協(全国労働組合連絡協議会)として統合・再編された。

2 現代の雇用環境

①**日本型雇用慣行** [❾　　　]◆3制，年功序列型賃金，企業別労働組合。

②**雇用環境の変化** 日本型雇用慣行が崩れ，能力主義による賃金体系，裁量労働制，フレックスタイム制※6が採用される。企業は，パートタイマー，契約・派遣社員などの[❿　　　]◆4者を活用。

③**不安定な雇用** 定職につかない[⓫　　　]や，就業・就学の意志がないニート※7が増加。

④**労働条件の問題** 過労死※8，賃金が支払われないサービス残業，働いても最低生活水準さえ維持できない[⓬　　　]などがある。[⓭　　　](仕事と生活の調和)が求められる。

※1 **国際的組織化** 19世紀後半に社会主義者の国際組織として，国際労働者協会(第1インターナショナル)，国際社会主義者大会(第2インターナショナル)が結成された。

※2 **治安維持法** 政府は一方で，1911年，工場法を制定し，児童労働の禁止や女子労働者の労働時間の制限などを規定した。

※3 **団体行動権(争議権)**「全体の奉仕者」とされる公務員には，この権利があたえられていない。

※4 **不当労働行為** 労働組合員であることを理由に解雇すること，使用者が正当な理由なく団体交渉を拒否することなどがふくまれる。

※5 **労働委員会** 国，都道府県に設置される第三者機関。

※6 **フレックスタイム制** 一定の時間帯内であれば，労働者が出社・退社時刻を自由に決められる制度。

※7 雇用対策法(2007年)で若年層の就業促進をはかる。

※8 **過労死** 労働者災害補償保険法に基づく補償を事業者に対して求める訴訟がおこった。

◆1 労働者が労働組合を結成する権利。

◆2 労働組合による正当な争議行為に対しては，刑事上・民事上の免責特権が認められる。

◆3 新規学卒者を，同じ企業で定年まで雇用する制度。

◆4 パートタイム労働法(1993年)，労働者派遣法(1985年)の制定・改定によって，増加していった。

Point

▶労働問題の発生…労働三権の保障，労働三法の制定
▶現代の雇用環境…日本型雇用慣行の崩壊，非正規雇用者の増加

図表でチェック

労働法制

法律	内容
労働三法 / 労働基準法	1日 ❶____ 時間，週40時間の法定労働時間を規定。裁量労働制，有期労働契約を規定。この基準を守らせるため，都道府県に労働局を，市町村に労働基準監督署を設置。
労働三法 / 労働組合法	労働者が使用者と対等な立場で団体交渉を行い，❷____ を結ぶ権利を保障。労働組合への支配・介入などの ❸____ を禁止。
労働三法 / ❹____	労使紛争を ❺____（労働委員会が指名する委員が間に入って解決），❻____（調停委員会が調停案を作成して双方に受諾を勧告），❼____（仲裁委員会が拘束力のある裁定を行う）。
❽____	賃金に最低水準を定め，使用者にその金額以上の賃金を労働者に支払わせる。
❾____	従業員数の一定比率に障害者を雇用するよう事業者に義務づける。
❿____	重大災害や職業病に対応。
⓫____	1歳未満の子の養育や家族介護のための休暇取得を可能にする。
⓬____	募集・採用・昇進などに際して性別による差別を禁止。セクシュアル・ハラスメントの防止を事業者の義務とする。
⓭____	労働者派遣事業の適正な運営をはかる。
⓮____	労使紛争を裁判所で解決する労働審判制度を設立。
⓯____	採用，労働条件の変更，解雇など労使間の雇用ルールを明確化。

正誤判断でチェック

内容の合っているものには○，誤っているものには×をつけよう。

① 産業革命によって雇用の機会から排除された農民たちは不満を募らせ，機械打ちこわし運動（ラッダイト運動）を展開した。（センター本試）　[　]

② 労働基準法によると，使用者は，労働者の信条を理由として労働条件について差別的取扱いをしてはならない。（センター本試）　[　]

③ 男女雇用機会均等法は，男女労働者の双方に対し，育児および介護休業の取得を保障するよう事業主に義務づけている。（センター本試）　[　]

④ 最低賃金制度は派遣労働には適用されず，パートタイム労働には適用される。（センター本試）　[　]

⑤ 日本の企業経営においては，個人の年々の労働成果に対応する形で賃金が変動する，年功序列型賃金が採用されてきた。（センター本試）　[　]

⑥ 日本では，企業別労働組合が労使交渉の中心となってきた。（オリジナル）　[　]

⑦ 女性の年齢別労働力率の特徴を示すM字型就労からすると，依然として女性が妊娠・出産を機に退職する傾向にあることがうかがえる。（早稲田大）　[　]

38 社会保障と国民福祉

解答 別冊p.20

※＝さらにくわしい説明，◆＝解答を導くためのヒント

❗ 重要語句でチェック

1 社会保障制度の発達

①**欧米の社会保障** 17世紀のイギリスで[❶　　　◆1　　　法]を制定。19世紀，ドイツのビスマルクが世界最初の社会保険制度を整備。20世紀，ドイツで[❷　　　　　　憲法]が制定され，生存権が保障される。

②**社会保障制度の発達** アメリカのニューディール政策の一環で，社会保障法を制定。1942年，[❸　　　　◆2　　　]により，「ゆりかごから墓場まで」を唱える，近代的な社会保障制度が確立。国際労働機関(ILO)が，[❹　　　　　　宣言]で社会保障の国際的原則を示す。

③**日本の社会保障の始まり** 恤救規則，健康保険法は対象者を限定。

④**社会保障制度の４つの柱** 第二次世界大戦後に制定された日本国憲法第25条に基づき，自力で生活できない困窮者を救済する[❺　　◆3　　]。老齢，失業，疾病，介護などを対象に生活保障を行う[❻　　◆4　　]。老人，児童，母子，障害者など社会的弱者を援護する[❼　　◆5　　]。疾病予防，健康増進などをはかる[❽　　　　　　　]。

2 社会保障制度の課題

①**社会保障制度の類型** 全国民を対象に平等に給付するイギリス・北欧型，職域ごとの社会保険を中心に不足分を公費で補うドイツ・フランスなどの大陸型，両者の混合型がある。

②**日本の修正積立方式** [❾　　※1　　◆6　　※2]と賦課方式の中間形態。

③**日本の人口構成の変化** 高齢化と少子化が進む[❿　　◆7　　化]により，社会保障費が増大。合計特殊出生率は，2005年に過去最低になった。

④**社会保障制度の維持** 制度間の格差縮小のため，基礎年金制度を実施。民間の年金事業(確定拠出型年金)が始まる。医療費の患者負担分を引き上げ。老人保健制度は，2008年に[⓫　　　　　　制度]へ移行。

⑤**公的介護保険** 2000年に，要介護認定を受けた人への介護サービスを行う[⓬　　　　制度]を創設。

⑥**福祉社会の実現** 健常者・障害者を問わず，利用できるユニバーサル・デザインを導入。施設・サービス上の障害を除く[⓭　　　　　　]。高齢者や障害者も普通に暮らす[⓮　　　　　　]を促進。

※1 **修正積立方式** 現在では事実上，賦課方式に移行。

※2 **賦課方式** 一定期間に支給する年金を，その期間の保険料でまかなう方式。

※3 **合計特殊出生率** １人の女性が一生の間に出産する子どもの数の平均数。

※4 **基礎年金制度** 国民年金を全員加入の基礎年金とし，これに加えて会社員は厚生年金，公務員は共済年金が給付される。

※5 **確定拠出型年金** 企業や加入者が，一定の方式で保険料を拠出し，その運用の結果に応じて給付額が決定する。

◆1 労働能力のない者のみを対象とした公的扶助の制度。

◆2 イギリスにおいて，ナショナル・ミニマム(国民としての最低限度の生活水準)を保障するために行われた。

◆3 生活保護法に基づき，生活・教育・住宅・医療・介護など8種類に分けられる。

◆4 医療保険，年金保険，雇用保険，労災保険，介護保険の5種類。1960年代には国民皆保険・国民皆年金を実現した。

◆5 行政の権限によりサービスを決定する措置制度から，利用者自身が事業者との契約によりサービスを受ける利用契約制度へと変化している。

◆6 将来支給される年金の原資を保険料によって積み立てる。

◆7 老年人口(65歳以上)が全人口の７％をこえる社会を高齢化社会，14％をこえる社会を高齢社会，21％をこえる社会を超高齢社会という。

Point
▶日本の社会保障制度…公的扶助，社会保険，社会福祉，公衆衛生
▶社会保障制度の課題…少子高齢化，財源の確保

図表でチェック

日本の社会保障制度

社会保険	❶	健康保険, 船員保険, 各種共済組合, 国民健康保険, 後期 ❷ 医療制度
	❸	厚生年金, 国民年金
	❹	雇用保険, 船員保険
	❺	労働者災害補償保険, 公務員災害補償保険
	介護	介護保険
公的扶助	❻	, その他の社会手当
社会福祉	❼	福祉, 母子福祉, 身体障害者福祉, 知的障害者福祉, 老人福祉
公衆衛生	医療	健康増進対策, 難病・感染症対策, 保健所サービスなど
	❽	生活環境整備, 公害対策, 自然保護など

年金制度

❾ 基金
❿ 基金
❿ 保険
⓫ （職域年金部分）
❾ （基礎年金）

第1号被保険者　自営業者, 学生など
第3号被保険者　第2号被保険者の扶養配偶者
第2号被保険者　民間被用者
公務員など

正誤判断でチェック

内容の合っているものには○, 誤っているものには×をつけよう。

① ドイツでは「ゆりかごから墓場まで」をスローガンに社会保障制度が整備された。（センター本試）[ ]

② 公的扶助は, 災害での被災者などに対して, 低利の融資を行う制度である。（センター本試）[ ]

③ 厚生年金には民間企業に勤務する者が加入し, 保険料は労使が折半して負担する。（北海学園大）[ ]

④ 年金保険の財源の調達はこれまでの賦課方式を廃止して積立方式へと移行した。（センター本試）[ ]

⑤ 業務上負傷しまたは病気にかかった労働者に対して補償を行う労災保険（労働者災害補償保険）では, 事業主と国が保険料を負担する。（センター本試）[ ]

⑥ 老後, 国民年金を受給することになる自営業者と, 厚生年金保険が上乗せされる民間企業の被用者との間で, 給付内容に違いがある。（明治大）[ ]

⑦ 社会福祉は, 援助と保護を必要とする人に対し, 施設・サービスなどを提供する。（オリジナル）[ ]

9章 日本経済の課題 — 定期テスト対策問題

解答 別冊p.21

1 〈公害と環境保全，消費者問題〉
▶▶▶ わからないとき→p.86〜89

次の文を読み，あとの問いに答えなさい。〔(3)7点，他各4点 計27点〕

　1950年代半ばからのわが国の高度経済成長は，大量生産・(a)大量消費型の豊かな生活をもたらした。しかし，その一方で，重化学工業を中心とした産業構造は，大規模化した企業活動にともない，　①　を発生させた。本来，損なわれた環境を回復するための費用や公害防止にかかる費用は，汚染原因者である企業が負担すべきであるにもかかわらず，第三者や社会に転嫁されるのが実情であった。そこで，OECDは，(b)公害に対する外部不経済を内部化させることが必要であると　②　を採択し，公害防止と公害被害の費用を公害発生者の負担とした。政府は，1967年の　③　をはじめ，公害対策に向けての立法化を推し進めた。

(1) ①〜③にあてはまる語句を，ア〜カから1つずつ選びなさい。
　ア 都市公害　イ PPP　ウ 産業公害　エ 環境基本法
　オ モントリオール議定書　カ 公害対策基本法
(2) 下線部(a)の経済構造のなかで生まれた消費者問題について，悪徳商法の対策として定められた制度を，ア〜エから1つ選びなさい。
　ア PL法　イ グリーン・コンシューマー
　ウ 生活協同組合　エ クーリングオフ
(3) 消費者問題の多様化のなかで主張されるようになった消費者主権とは，どのような考え方か，説明しなさい。
(4) 下線部(b)について，四大公害病のうち大気汚染を原因とする公害病は何か。

2 〈農業・食料問題，中小企業〉
▶▶▶ わからないとき→p.90〜93

次の文を読み，あとの問いに答えなさい。〔各3点 計18点〕

　(a)日本の農業は，(b)農業就業者数の減少，担い手の　①　や耕作地の放棄，安価な輸入農作物との競争など，多くの課題を抱えている。また，食料を輸入に依存することは，　②　の低下につながる。農業の衰退は，(c)都市の工業・サービス業への農業人口の流出を引き起こし，農村の過疎化をまねいた。

(1) ①・②にあてはまる語句を，ア〜エから1つずつ選びなさい。
　ア 食料自給率　イ 若年化　ウ 社会保障給付　エ 高齢化
(2) 下線部(a)に関する次のア〜エの施策を，年代の古い順に並べなさい。
　ア 新食糧法の施行　イ 戸別所得補償制度の導入
　ウ 減反政策の開始　エ 米の輸入関税化
(3) 下線部(b)について，現在日本で最も高い割合を占めるものを選びなさい。
　ア 主業農家　イ 準主業農家　ウ 副業的農家
(4) 下線部(c)について，次のA・Bの　　　にあてはまる語句を書きなさい。
　A 中小企業と大企業との間には，「　　　」とよばれる賃金などの労働条件や生産性に関する格差が存在する。
　B わが国で中小企業を定義する代表的な法律は，　　　である。

1
(1)①　　　　
　②　　　　
　③　　　　
(2)　　　　
(3)　　　　
　　　　　　
(4)　　　　

ヒント
(1)①「重化学工業を中心とした産業構造」をもとに考える。
　③大気汚染，水質汚濁，土壌汚染，騒音，振動，地盤沈下および悪臭の「典型7公害」を規定。
(2)悪徳商法には，マルチ商法，アポイントメント商法，ワンクリック詐欺などがある。

2
(1)①　　　　
　②　　　　
(2)　→　→　→
(3)　　　　
(4)A　　　　
　B　　　　

ヒント
(1)②「国内生産量÷国内消費仕向量(国内生産量＋輸入量－輸出量－在庫の増加量)」で計算する。
(3)一般に，農業収入を主たる収入とする農家よりも，多くの収入を得ている。
(4)A大企業は，低賃金の中小企業をコスト面で利用している。

③ 〈雇用と労働問題〉

▶▶▶ わからないとき→p.94〜95

次の文を読み，あとの問いに答えなさい。〔(4)7点，他各3点 計28点〕

　日本国憲法第27条と第28条は，国民ないし勤労者（労働者）の ① を保障している。このうち(a)労働条件の基準に関しては ② が制定され，労働条件に関する原則や守るべき最低の基準等が定められた。1985年には男女差別の是正のための ③ など新たな立法も行われてきた。近年の日本では「(b)格差の拡大」が社会問題化している。労働分野でも「派遣切り」に象徴される ④ 労働者の削減をもたらしたことは記憶に新しい。その背景には，(c)日本型雇用慣行の崩壊や，労働分野で進められた規制緩和が影響しているとの見方がある。

(1) ①〜④にあてはまる語句を，ア〜キから1つずつ選びなさい。
　ア　男女雇用機会均等法　　イ　労働基本権　　ウ　正規　　エ　請願権
　オ　男女共同参画社会基本法　　カ　労働基準法　　キ　非正規

(2) 下線部(a)について，②の法律によって定められている法定労働時間は，1日 A 時間，週 B 時間である。A・Bにあてはまる数字を書きなさい。

(3) 下線部(b)について，フルタイムで働いても最低生活水準を保てない労働者を何というか。ア〜ウから1つ選びなさい。
　ア　ワークシェアリング　　イ　ワーキングプア　　ウ　ニート

(4) 下線部(c)のうち，終身雇用制とはどのような制度か。簡単に説明しなさい。

④ 〈社会保障と国民福祉〉

▶▶▶ わからないとき→p.96〜97

次の文を読み，あとの問いに答えなさい。〔各3点 計27点〕

　日本は(a)超高齢社会の仲間入りをしている。高齢化とともに，少子化も進む。高齢化の直接の原因が ① であるとすれば，少子化のそれは ② の低下である。日本では，1人の女性が生涯に産む子どもの平均数が，人口を維持するのに必要とされる約 ③ を1974年からほぼ一貫して下回ってきた。少子高齢化は，(b)保険料を負担する現役世代の負担額が大きくなりすぎるなど，国民生活に大きな影響をあたえかねない。特に，日本の公的年金制度は， ④ をそのベースの一部に採用しており，(c)高齢化が進むほど，現役世代の負担が重くなる。本来この制度は， ⑤ 型の人口構造を前提としているためである。そこで，(d)このような人口構造の変化をふまえた社会保障政策の改革に，近年では議論が集中している。

(1) ①〜⑤にあてはまる語句・数字を，ア〜クから1つずつ選びなさい。
　ア　富士山　　イ　出生率　　ウ　積立方式　　エ　平均寿命の伸長
　オ　2.1　　カ　3.3　　キ　賦課方式　　ク　つぼ

(2) 下線部(a)の社会は，65歳以上の人口が総人口に占める割合が何％以上の社会をさすか。ア〜エから1つ選びなさい。
　ア　7％　　イ　14％　　ウ　21％　　エ　28％

(3) 下線部(b)について，寝たきりや認知症などで要介護認定を受けた人へのサービスを行う保険を何というか。

(4) 下線部(c)について，高齢者の暮らしを支える在宅サービスのうち，「通所介護」のことをカタカナで何というか。

(5) 下線部(d)について，2008年から75歳以上の高齢者は健康保険や国民健康保険の対象から外され，何という医療保険の制度に組み入れられたか。

10章 国際経済と日本

39 貿易と国際収支

解答 別冊p.21

※＝さらにくわしい説明，◆＝解答を導くためのヒント

❗ 重要語句でチェック

1 貿易と国際収支

①**比較生産費説** イギリスの経済学者[❶　　　　　]は，財貨のすべてを国内生産でまかなう[❷　　　　　経済]より，国際分業を行うほうが国の利益になると説いた。

②**国際分業** 先進工業国間で工業製品を輸出し合う[❸　　　　分業]と，先進工業国が工業製品に，発展途上国が原材料に特化(特定化)して輸出し合う[❹　　　　分業]がある。[❶]の主張は，貿易に対する国家の介入を否定する[❺　　　　貿易]に理論的根拠をあたえた。

③**後進国の貿易政策** ドイツの経済学者リストは，後進国は国内産業の保護を目的とする[❻　　　　貿易]を行うべきだと主張した。

④**国際収支** 国際間の経済取引を貨幣額で示したもの。財・サービスなどの取引である[❼　　　　収支]と，資金形成のための無償資金援助などの資本移転等収支，国際的な資金の流れを表す[❽　　　　収支]からなる。[❽]は，海外の現地工場建設などの直接投資，海外の債券・株式の購入などの証券投資，金融派生商品，政府が持つドル・金・外国の国債などの[❾　　　　]の項目で構成されている。

2 外国為替相場

①**国際間取引の決済** 外国為替手形を用いて決済される。通貨の交換比率を[❿　　　　](為替レート)という。需要と供給によって交換比率が変動する制度は，変動為替相場制という。

②**外国為替市場** 銀行間のインターバンク市場と，銀行・個人などの間で取り引きする対顧客市場からなる。中央銀行はインターバンク市場に介入し，通貨を売買して[❿]を安定させる([⓫　　　　])(平衡操作))。

③**為替相場の変動** 1ドル＝100円から1ドル＝90円になるような変動を，ドル安・[⓬　　　　]，1ドル＝90円から1ドル＝100円になるような変動を，ドル高・[⓭　　　　]という。

※1 **国際分業** 国ごとに他の財に比べて安く生産できる財の生産に特化して，その財を貿易し合うことにより，資源・労働力・資金を有効に使うことができること。

◆1 旧植民地と旧宗主国との間の貿易に典型的に見られた。旧植民地の独立後の工業化によって，水平的分業が進むとともに，旧植民地と旧宗主国の間で部品を融通し合う工程間分業もさかんになってきている。

◆2 当時のドイツは農業国であったため，輸入品にかけられる関税を引き上げたり，輸入数量を制限・割り当てたりすることによって，政府が貿易に介入し，輸入制限を行った。

◆3 貿易・サービス収支，第一次所得収支，第二次所得収支からなる。

◆4 ある国が外国に保有する資産(対外資産)と外国がその国に保有する資産(対外負債)との差額のこと。

◆5 為替差益を目的とする投機的資金の動きが，為替相場に大きな影響をあたえるようになっている。

📍Point
▶貿易の形態…自由貿易⇔保護貿易
▶外国為替相場…円高(輸出に不利)⇔円安(輸入に不利)

図表でチェック

国際収支の内訳

経常収支	❶	貿易収支…輸出，輸入
		サービス収支…運輸，旅行，金融，保険など
	❷	投資収支(利子や配当など)，雇用者報酬
	第二次所得収支	無償資金援助，国際機関拠出金，労働者の送金など
資本移転等収支		資本移転，その他資産
金融収支	❸	企業の設立，買収
	❹	株式，債券の売買
	金融派生商品	先物などのデリバティブ取引

円高の影響

円高 →
- ❺ 産業を中心とする景気悪化
- ❺品の現地価格上昇 → ❺の減少 → 貿易❻ の減少
- 現地生産と産業の❼ 化の進行
- ❽ 品の価格の低下 → 物価の安定

正誤判断でチェック

内容の合っているものには○，誤っているものには×をつけよう。

① リストは，経済を発展させるためには，規制を緩和して市場での自由な取引に任せることが必要であると強調した。（センター本試） [ ]

② 日本のサービス収支は恒常的に赤字であるが，輸送や旅行の部門は黒字が続いている。（早稲田大） [ ]

③ 経済のサービス化により，日本のサービス収支中の「受取」は貿易収支中の「輸出」を上回る規模に達した。（早稲田大） [ ]

④ 資本収支は，均衡状態から対外直接投資が増えると，赤字になる。（センター本試） [ ]

⑤ アメリカ経済にとって，ドル安の進行は，輸入品の価格を引き下げる要因となるため，物価下落要因となる。（センター本試） [ ]

⑥ 円高・ドル安になると，日本製品のドル表示価格が下がり，外国製品の円表示価格が上がるので，輸出が増え輸入が減って，純輸出は増える。（國學院大） [ ]

⑦ ドル安の進行は，アメリカ企業の輸出競争力を強める要因となる。（センター本試） [ ]

⑧ アメリカの経常赤字が大幅に増大していても，経常赤字を上回る海外からの資本流入があれば，ドル安が進行するとは限らない。（センター本試） [ ]

40 国際経済体制の変化

解答 別冊 p.22

※＝さらにくわしい説明，◆＝解答を導くためのヒント

❗ 重要語句でチェック

1 戦後の自由貿易体制

①**国際経済秩序の再建**※1　1944年，ブレトン・ウッズ協定に基づき，IBRD（国際復興開発銀行）と[❶　　　]（国際通貨基金）を設立。1948年に[❷　　　]（関税と貿易に関する一般協定）が発足し，自由貿易，多角主義，[❸　　最恵国待遇　]◆1を理念に掲げる。

②**IMF-GATT体制**　戦後の国際経済秩序。米ドルを基軸通貨とし（金・ドル本位制），米ドルとの交換比率を一定に固定した（固定為替相場制）。

③**ドルへの信用不安**　アメリカは，ベトナム戦争などで支出が増えてドル危機を迎える。1971年に，ニクソン大統領が金・ドル交換を停止する宣言を出した（[❹　　　　　　　]）。

④**国際通貨体制の変容**　1971年のスミソニアン協定※2で平価調整が行われたが結実せず，1973年に[❺　　　　]制へ移行。金の代わりに[❻　　　]◆2（特別引き出し権）の役割が拡大。

2 多様化する世界経済

①**南北の格差**　モノカルチャー経済※3から脱却できない発展途上国と，自由貿易の恩恵を受けた先進工業国※4の間に，[❼　　　]問題が発生。国連貿易開発会議（UNCTAD）を中心に一般特恵関税，国際商品協定などの整備が進められ，保護貿易の下，発展途上国の工業化が進む。

②**南南問題**　1980年代に表面化した，発展途上国間の経済格差。

③**発展途上国の多様化**　資源ナショナリズム※5の高まりを受けて，国連資源特別総会において[❽　　　]◆3（新国際経済秩序）の樹立が宣言される。

④**新興経済諸国**　工業化に成功した発展途上国を[❾　　　]（新興工業経済地域）という。そのうち，韓国，台湾，香港，シンガポールは，[❿　　　]政策◆4が成果を上げる。

⑤**先進国の経済危機**　1980年代，アメリカはレーガン政権の下で「双子の赤字」が拡大。1985年の[⓫　　　]合意によりドル安・円高が進行。

⑥**新しい国際機関の発足**　[❷]の多国間交渉は，東京ラウンド，ウルグアイ・ラウンドを経て，知的財産権などにおいて新たなルールを策定した。1995年，[❷]は[⓬　　　]（世界貿易機関）に移行。

※1　**国際経済秩序の再建**　1930年代の世界的不況のなかで金本位制が崩壊し，主要国は閉鎖的なブロック経済を形成。第二次世界大戦をまねく要因の1つとなった。

※2　**スミソニアン協定**　各国の通貨を米ドルに対して切り上げた（円は1ドル＝360円から308円へ切り上げ）。

※3　**モノカルチャー経済**　農産物や鉱産物などの一次産品に特化した経済。

※4　**先進工業国**　石油危機を経て，1975年に主要国首脳会議（サミット）を毎年開催するようになった。

※5　**資源ナショナリズム**　OPEC（石油輸出国機構）などが，自国資源の恒久的主権を求めた。

◆1　通商条約を結んだ国どうしが，関税や事業活動について第三国にあたえた待遇より不利にならないよう，待遇をあたえ合うこと。

◆2　国際収支の赤字で対外支払準備が不足した場合，IMFへの出資額に応じて他のIMF加盟国から外貨を引き出す権利。

◆3　天然資源に対する恒久主権の確立，一次産品の貿易条件の改善などを実現するよう要求した。

◆4　それまでの，工業製品の輸入を停止して工業製品の国産化をめざす輸入代替工業化政策を改めた。

Point
▶戦後の国際経済秩序…IMF-GATT体制
▶発展途上国の経済…南北・南南問題，新国際経済秩序（NIEO）

図表でチェック

円相場の推移

- ❷ ・ショック（71年8月）
- 第2次石油危機（79年1月）
- G5・プラザ合意（85年9月）
- ❸ 協定（71年12月）
- 1ドル＝❶ 円を設定（49年4月）
- 第1次 ❹ （73年10月）
- 円・変動相場制へ移行（73年2月）

GATTとWTOの比較

	GATT	WTO
形態	❺ 協定	国際機関
対象	物品のみ	サービス，❻ 財産権をふくむ
違反国への報復	全会一致制で決定（当事国が反対すれば実施できない）	全加盟国による反対以外は実施できる
おもな交渉	❼ ・ラウンド（1964～67年）…関税率の一括引き下げなど ❽ ラウンド（1973～79年）…非関税障壁の低減 ❾ ・ラウンド（1986～94年）…農業分野，❻ 財産権のルール策定	❿ ・ラウンド（2001年～）…貿易を通じた発展途上国の開発（2011年交渉休止）

正誤判断でチェック

内容の合っているものには○，誤っているものには×をつけよう。

① 金・ドル交換停止により，変動相場制から固定相場制へ変更する国が相次いだ。（オリジナル）　[　]

② SDR（特別引き出し権）の価値は創出以来，1SDR＝1米ドルと定められている。（オリジナル）　[　]

③ キングストン合意において，変動相場制が承認されるとともに，金に代わってSDRの役割を拡大することが取り決められた。（センター本試）　[　]

④ 発展途上国にとって不利にならない国際経済の構造を実現するために，NIEO（新国際経済秩序）の樹立に関する宣言の採択が促された。（センター本試）　[　]

⑤ WTOは，ブレトン・ウッズ協定に基づき設立された，多角的貿易協定の実施を目的とする国際機関である。（センター本試）　[　]

41 グローバル化する世界経済

解答 別冊p.22

※＝さらにくわしい説明，◆＝解答を導くためのヒント

!重要語句でチェック

1 世界経済の一体化

①**地球規模の一体化** 1980年代から金融活動の規制緩和が進んだ結果，国家間の経済に関する差異が薄れていく[①　　　化]が進む。地球規模の一体化が強まることは[②　　　化]とよばれる。

②**世界標準のルール** 大規模小売店舗法で大手スーパーの新規出店を規制していた日本は，日米構造協議によるアメリカの要求を受け入れ，大規模小売店舗立地法に改正。[③※1　　　]（世界標準）に国内ルールを従わせる例が増えている。

③**国際金融市場の成長** [④　　　◆1]とよばれる金融派生商品が急成長。経済の金融化が進み，マネー資本主義※2を生み出した。

2 広がる経済危機

①**1990年代の通貨危機** [⑤　　　◆2]とよばれる投資信託が，富裕層や企業から大口の資金を集め，ハイリスク・ハイリターンの運用を行う。こうした金融業者の投機的売買が株式・不動産価格の乱高下をもたらし，1997年には[⑥　　　危機]を引きおこす。

②**アメリカ発の危機** 2000年にアメリカでITバブルが崩壊すると，金融緩和が進み，住宅バブルが発生。低所得者向けの住宅ローンである[⑦　　　◆3]が証券化され，世界中の金融機関や投資家が保有する。しかし，2006年の住宅バブルの崩壊とともに不良債権化。

③**世界金融危機**※3 2008年になると，大手の投資銀行が経営破綻に追い込まれた（[⑧　　　]）。信用収縮（デ・レバレッジ）※4による世界的な金融危機が拡大する。

④**EUの金融不安** 2010年，財政危機に陥った[⑨　　　]の国債が暴落した。金融不安は世界に波及する危険性をはらんでいる。

⑤**各国の規制** 世界経済の不均衡（[⑩　　　]）をもたらした，アメリカの経常収支赤字の拡大と新興国の外貨準備の増大を是正する必要がある。2010年，アメリカでは[⑪　　　法]が制定され，[④]や[⑤]の規制を強化。ヨーロッパでも空売り規制がかけられ，[⑫　　　◆4]（金融取引税）を導入。

※1 **大規模小売店舗立地法** この法改正により，郊外に外国資本の大型店が多く進出することとなった。

※2 **マネー資本主義** 取引システムの高速化，金融工学の導入などの影響で，金融商品の投機的な売買がいっそう進んだ。「カジノ資本主義」ともよばれる。

※3 **世界金融危機** G20（G7に新興国を加えた20か国・地域の首脳会議）の財政出動などにより，恐慌の発生は防ぐことができた。

※4 **信用収縮（デ・レバレッジ）** 破綻する投資家が増えると，銀行も資金の貸しつけを渋るようになり，いっそう商品価格の下落をまねき，負の連鎖に陥る。

・・・

◆1 実物商品の価格変動によるリスクを減らすために開発された。先物取引，オプション取引などがあてはまる。

◆2 顧客の資金を運用し，短期間で高い運用益をめざしている。タックス・ヘイブンとよばれる，税率がきわめて低い国・地域に本拠地をおく業者が多い。

◆3 返済能力の低い借り手に販売された住宅ローン。

◆4 デリバティブやヘッジファンドの活動を抑制するために導入された，国際的な資本取引への課税。

Point

▶世界経済の一体化…ボーダレス化・グローバル化→マネー資本主義
▶広がる経済危機…アジア通貨危機，世界金融危機，ギリシャ財政危機

図表でチェック

世界の金融資産の拡大

（McKinsey＆Company資料）

- 世界の金融資産残高の世界の名目GDPに対する割合が3倍をこえたのは、❶_____年のことである。

- 1996～2006年の年平均伸び率が最も高い金融資産は社債、2番目に高いのは❷_____である。

政府債務残高のGDPに対する割合

（2011年見通し）（OECD資料）

211.7 ❸／165.1 ❹／127.7 イタリア／112.6 アイルランド／111.9 ポルトガル／98.6 フランス／97.6 アメリカ／90.0 イギリス／86.9 ドイツ／74.1 スペイン

- 政府債務残高の対GDP比が先進国で最も高い国…❸_____

- EUの債務危機の発端となった国…❹_____ → EUの共通通貨である❺_____の暴落をまねいた。

- ❻_____（FRB）による低金利政策の下、2000年代に株式や住宅のバブルがおこった国…アメリカ

✗ 正誤判断でチェック

内容の合っているものには○、誤っているものには×をつけよう。

① 日本では、先物取引などのデリバティブ市場の開設は、リスクが高すぎるため禁止されている。（日本大）　[　]

② 少数の大口投資家から巨額の資金を集め、ハイリスク・ハイリターンの投資行動を繰り返すヘッジファンドは、株式会社の新しい形態である。（中央大）　[　]

③ 日本に比べてアメリカでは、多くの割合の勤労国民が、大きな金融的利得を求めて、銀行預金などの安全資産よりも株式や投資信託などの金融商品で資産運用している。（中央大）　[　]

④ タイの通貨バーツの下落をきっかけとして、アジア各国では投機資金の流出が連鎖的におこり、次々と通貨危機が発生した。（センター本試）　[　]

⑤ 2008年の世界金融危機は、アメリカにおけるITバブルの崩壊が引き金になった。（オリジナル）　[　]

⑥ サブプライムローン問題を契機に、IMF（国際通貨基金）により資本の自由な移動が原則として禁止された。（センター本試）　[　]

42 地域的経済統合

解答 別冊p.22

※=さらにくわしい説明，◆=解答を導くためのヒント

❗ 重要語句でチェック

1 地域的経済統合

①**地域統合への動き** IMF-GATT体制に対して，地域的な自由貿易圏をつくろうとする[❶　　　　主義]の動きが高まる。

②**欧州の地域統合** 1952年に発足したECSC(欧州石炭鉄鋼共同体)※1を基礎とした，[❷　　　　](欧州経済共同体)が発足。EURATOM(欧州原子力共同体)との合同により，1967年に[❸　　　　](欧州共同体)を創設した。市場統合を進め，共通農業政策※2や関税同盟※3を推し進める。1993年，欧州連合条約(マーストリヒト条約)の発効により[❹　　　　](欧州連合)が発足。

③**単一通貨** 1998年，[❹　　]は，ECB(欧州中央銀行)を設立。1999年には，為替制度をEMU(経済通貨同盟)により共通化した。これにより，単一通貨の[❺　　　　]◆1が導入された。

④**現状と問題** [❹　　]は，2009年にはリスボン条約により基本条約を修正。一方で，加盟国間の経済格差が，ギリシャ財政危機※4を発端に金融危機を引き起こす。

⑤**アジア・太平洋地域の地域統合** 1967年に結成された[❻　　　　]◆2(東南アジア諸国連合)は，ゆるやかな連合を形成。太平洋沿岸の国々が1989年から[❼　　　　](アジア太平洋経済協力会議)を開催。

2 貿易による結びつき

①**地域経済の活性化** 東南アジアでは1993年にAFTA([❻　　]自由貿易地域)に合意。北米では1994年に[❽　　　　](北米自由貿易協定)が，南米では1995年に[❾　　　　](南米南部共同市場)が発足。

②**特定の国・地域間の協定**※5 二国間あるいは多国間の協定で自由貿易をめざす動きが高まる。[❿　　　　](自由貿易協定)は関税の引き下げや撤廃をめざす。[⓫　　　　](経済連携協定)は人・資本・情報など，幅広い面で協力をめざす。

③**協定参加後の未来** 2006年に発足した[⓬　　　　](環太平洋経済連携協定)に，日本も参加表明(2013年)。非関税障壁の撤廃による安い商品の流入，外国産農産物に対する「食の安全」の不安などの声もある。

※1 **ECSC(欧州石炭鉄鋼共同体)** 石炭・鉄鋼産業の共同市場を創設することをめざした。

※2 **共通農業政策** 域内の農産物に統一価格を設け，生産費の高い国に対して補助金を支給した。

※3 **関税同盟** 加盟国間では関税などの貿易制限を撤廃し，域外との貿易に対しては共通関税を設ける。

※4 **ギリシャ財政危機** ギリシャが国債の格下げによるデフォルト(債務不履行)の危機に陥った。比較的財政にゆとりのあるフランス，ドイツなどの加盟国の援助により，これを切り抜けた。

※5 **特定の国・地域間の協定** WTOの多国間主義が，国どうしの利害対立により停滞していることから，特定の国・地域どうしで自由化を進めようとする動きが高まった。

◆1 2019年現在，19か国(EU以外の国をふくむ)が導入している。EU加盟国のなかでも，イギリス，デンマーク，スウェーデンなどはEU単一通貨を導入せず，独自通貨を維持している。

◆2 1994年には安全保障などの問題について話し合うため，ASEAN地域フォーラム(ARF)を創設した。

Point

▶地域的経済統合…EU(欧州)，ASEAN・APEC(アジア・太平洋)
▶貿易による結びつき…FTA，EPA，TPP

図表でチェック

欧州連合のあゆみ

年	できごと
1952	❶_____（欧州石炭鉄鋼共同体）が発足
1958	EEC（欧州経済共同体）が発足。❷_____（欧州原子力共同体）が発足
1960	❸_____（欧州自由貿易連合）が発足
1967	❶・EEC・❷ が統合し，EC（欧州共同体）が発足
1979	欧州通貨制度が発足
1987	単一欧州議定書が発効
1993	欧州連合条約（❹_____条約）の発効により，EUが発足
1999	アムステルダム条約が発効
2009	❺_____条約が発効

日本のFTA・EPA締結相手国

正誤判断でチェック

内容の合っているものには○，誤っているものには×をつけよう。

① EEC（欧州経済共同体）で導入された関税同盟は，域内関税と域内輸入制限を撤廃し，域外共通関税を設定するものである。（センター本試） [ ]

② 経済通貨統合に向けて，EC（欧州共同体）でEMS（欧州通貨制度）が発足した。（センター本試） [ ]

③ 単一通貨を導入することで，EUでは中央銀行や金融政策の必要がなくなる。（駒澤大） [ ]

④ EU（欧州連合）では，一元的な金融政策のため，全域でユーロが導入された。（オリジナル） [ ]

⑤ NAFTAは，メルコスール（南米南部共同市場）と同じ年に発効した。（オリジナル） [ ]

⑥ FTA（自由貿易協定）は，二国間や地域で自由貿易をめざすもので，投資や知的財産権に関する協定をふくむ経済統合の最高度のものである。（センター本試） [ ]

43 新興国の台頭と経済協力

解答 別冊p.23

※＝さらにくわしい説明，◆＝解答を導くためのヒント

❗ 重要語句でチェック

1 新興国の台頭

①**発展途上国の多様化** 産油国で，鉱産資源の主権を求める[❶　　　　　　　　]が高まり，OPEC(石油輸出国機構)を結成。先進工業国と発展途上国の間の経済格差が広がり(南北問題)，発展途上国のなかでも，産油国と後発発展途上国の間に経済格差が発生した([❷　　　問題])。

②**NIES(新興工業経済地域)** 1970年代に工業化を成しとげた発展途上国。中南米諸国は，工業製品の国産化をはかる[❸　　　　　　政策]，東アジア諸国は輸出志向工業化政策を進めている。

③**エマージング・マーケット(新興市場)** 2000年代に著しい経済成長を遂げたブラジル，ロシア，インド，中国を[❹　　　　　　]とよぶ。

④**中国の成長** 改革・開放政策を進め，[❺　　　　　　経済]へ移行。2001年にはWTO加盟を果たす。通貨の[❻　　　　　]はドル・ペッグ制から，2005年に管理フロート制へ。香港では，一国二制度を採用。

⑤**インドの成長** バンガロールなどにおいて，IT産業が成長。外国からソフトウェア開発などを受注する[❼　　　　　　　　]が発展。

⑥**ブラジルの成長** アルコール燃料であるバイオエタノールの生産や鉱産資源の輸出で，好況となる。近年，インフラ整備が進んでいる。

2 経済協力と人間開発の課題

①**貧困問題** 1日1.25ドル以下の収入の[❽　　　　　貧困]の人々が存在。

②**国連の対策** 発展途上国の貧困克服のために，OECD(経済協力開発機構)が[❾　　　　](開発援助委員会)を組織。[❾]は[❿　　　　](政府開発援助)が満たすべき要件を定めている。[⓫　　　　　　](国連貿易開発会議)が1964年に開催され，プレビッシュ報告のなかで，軽工業製品に対する[⓬　　　関税]，一次産品価格の安定化などを要求。

③**MDGs(国連ミレニアム開発目標)** 国連が2000年に決定。UNDP(国連開発計画)で[⓭　　　　](人間開発指数)を開発。

④**民間の支援** [⓮　　　　](非政府組織)によるフェアトレード，企業による公共性の高いソーシャル・ビジネスなどが展開されている。

📍Point

▶新興国の台頭…NIES，BRICs
▶人間開発…DACによるODA，UNCTADの開催

※1 **輸出志向工業化政策** 外貨導入，通貨安の誘導などで輸出拡大をはかる。

※2 **ロシア** 石油，天然ガスなどの資源価格の高騰の影響で急速な経済成長をとげた。

※3 **中国** GDPでは日本をぬいて，アメリカに次ぐ世界第2位になった。「世界の工場」とよばれる。

※4 **ドル・ペッグ制** 自国通貨をドルに連動させる固定為替相場制。

※5 **管理フロート制** 自国通貨を切り上げるとともに，11通貨と連動する通貨バスケット制を採用。

※6 **インフラ整備** サッカーワールドカップ(2014年)，オリンピック開催(2016年)が契機。

※7 **フェアトレード** 発展途上国の製品を適正な価格で購入し続けることにより，発展途上国の人々の生活改善をはかる。

◆1 社会主義の政治体制下で市場経済への移行をめざす。

◆2 アメリカとの約半日の時差を利用して，シリコン・バレーとの間で24時間体制でソフトウェアを開発する協業が行われている。

◆3 日本の政府開発援助は，有償援助(円借款)が中心。青年海外協力隊による援助も進む。

◆4 先進国は発展途上国からの輸入品に，特別に低い関税率を適用する優遇措置を設けた。

◆5 人間のゆたかさの基本的な側面をはかる指標。1人あたりのGDP，平均寿命，識字率，就学率などの統計をもとに算出。

図表でチェック

BRICs

国	成　長
❶	鉄鉱石など鉱産資源の増産，バイオエタノールの成長
❷	石油，天然ガスなど鉱産資源の増産
❸	IT産業を中心とするオフショアリング
❹	社会主義市場経済，人民元改革，一国二制度

貧困問題の解決

年	取り組み
1960	発展途上国への資金の貸付を行うため，❺　　　（国際開発協会，第二世界銀行）を設立。
1961	「国連開発の10年」を採択。 ❻　　　（経済協力開発機構）の下に，DAC（開発援助委員会）を設ける。
1964	UNCTAD（国連貿易開発会議）の第1回総会が開かれ，❼　　　報告のなかで，特恵関税の供与などの要求がなされる。
1974	国連総会で❽　　　（新国際経済秩序）樹立に関する宣言を採択。
1990	HDI（人間開発指数）が開発される。

正誤判断でチェック

内容の合っているものには○，誤っているものには×をつけよう。

① 国連貿易開発会議は，国際経済秩序は先進国に有利な形でつくられており，発展途上国の正常な経済発展がはばまれている，という発展途上国側の主張により，1974年，国連総会で採択された新国際経済秩序樹立に関する宣言に基づいて設立された。(中央大)　[　]

② 一般特恵関税とは，先進国が発展途上国からの輸入に対して，関税を撤廃したり税率を特別に低くしたりすることである。(日本大)　[　]

③ 発展途上国間の経済格差やそれをめぐる問題は，南南問題とよばれる。(センター本試)　[　]

④ 発展途上国では，低賃金を利用した軽工業品などの輸出を足がかりにして，輸出志向型の経済発展を実現しようとする戦略が採用された。(センター本試)　[　]

⑤ 日本のODAは，発展途上国における経済発展の支援を目的としているため，資金の返済を必要とする円借款はふくまれない。(センター本試)　[　]

⑥ 発展途上国の経済発展をめざすため，発展途上国内に，NIES（新興工業経済地域）とよばれる経済特区が創設された。(センター本試)　[　]

⑦ BRICsとよばれる，経済発展が著しいブラジル，ロシア，インド，中国は，4か国で自由貿易協定を締結した。(センター本試)　[　]

⑧ 2000年代には，中国の経済力の高まりを背景に，人民元の切下げが行われた。(オリジナル)　[　]

10章 国際経済と日本　定期テスト対策問題

解答 別冊p.23

1 〈貿易と国際収支〉

▶▶▶ わからないとき→p.100〜101

次の文を読み、あとの問いに答えなさい。〔各4点 計24点〕

　国際間の取引は通常，［　①　］を用いて決済される。この決済は銀行間で相互に行われ，残額は外国通貨で清算される。日本円とアメリカドルの交換の場合では，貿易取引が大半である。日本のアメリカに対する大幅な輸出超過が続いている場合，輸出代金として受け取ったドルを円に交換しようとするドル供給が，輸入代金を用意するためのドル需要よりも［　②　］なり，交換比率は［　③　］になる。このような通貨間の交換比率に影響をあたえる要因は，1980年代以降は直接投資と［　④　］，短期の資金移動の影響が大きい。こうした外国との取引にともなう一定期間の貨幣額を集約した統計を，(a)国際収支という。

(1) ①〜④にあてはまる語句を，ア〜クから1つずつ選びなさい。
　ア　証券投資　イ　ドル高・円安　ウ　外国為替手形　エ　少なく
　オ　フェアトレード　カ　多く　キ　ドル安・円高　ク　内国為替

(2) 下線部(a)の国際収支のうち，A特許料の支払い，B投資収益の受け取りがふくまれている区分を，ア〜エから1つずつ選びなさい。
　ア　金融収支　イ　貿易・サービス収支
　ウ　第一次所得収支　エ　第二次所得収支

2 〈国際経済体制の変化，グローバル化する世界経済〉

▶▶▶ わからないとき→p.102〜105

次の文を読み、あとの問いに答えなさい。〔(5)8点，他各4点　計28点〕

・［　　　］制が崩壊した後，(a)1930年代の世界経済は混乱を極めた。
・第二次世界大戦後，IMFが設立され，(b)新しい国際通貨制度が誕生した。
・1971年の(c)ニクソン・ショックを受けて，主要国通貨の対米ドル為替平価切上げが合意された。
・1970年代以降，(d)新興工業経済地域をはじめとする新興国が著しい成長をとげた。一方で，世界各地で金融不安や(e)金融危機が頻繁に発生してきた。

(1) ［　　　］にあてはまる通貨制度を書きなさい。
(2) 下線部(a)で行われた，貿易と為替管理による閉鎖的な政策を何というか。
(3) 下線部(b)の軸となった国際機関は，IMF，世界銀行ともう1つは何か。
(4) 下線部(c)の後の一連の動きであるア〜ウを，古い順に並べなさい。
　ア　キングストン体制の樹立　イ　スミソニアン協定の締結
　ウ　変動相場制への移行
(5) 下線部(d)のうち，韓国，台湾，香港，シンガポールは工業製品の貿易に関する政策転換をはかった。どのような転換だったか，簡単に説明しなさい。
(6) 下線部(e)について，2000年代にアメリカでおこった金融危機の原因としてあてはまらないものを，ア〜エから1つ選びなさい。
　ア　デリバティブの開発　イ　サブプライムローンの証券化
　ウ　トービン税の導入　エ　ヘッジファンドの成長

1
(1)①　　　　　
　②　　　　　
　③　　　　　
　④　　　　　
(2)A　　　　　
　B　　　　　

ヒント
(1)①輸出側が輸入側に対して，代金を指定銀行へ支払うよう指示する。
③円の価値が相対的に高くなること。
(2)A特許権を取得するため，特許庁に対して支払う手数料を，特許料という。
B投資収益は，対外直接投資に関係する子会社の収益や，国債等の利子の受け取りなどをふくむ。

2
(1)　　　　　
(2)　　　　　
(3)　　　　　
(4)　　→　　→　　
(5)　　　　　

(6)　　　　　

ヒント
(2)ポンド，フランなどの経済圏が形成された。
(3)自由貿易の拡大をめざした体制。
(5)「国際競争力」という語句を軸に説明を展開する。
(6)グローバル化とボーダレス化を背景とする。

3 〈地域的経済統合〉

▶▶▶ わからないとき→p.106〜107

次の文を読み，あとの問いに答えなさい。　〔各3点　計24点〕

ヨーロッパでは1957年に欧州経済共同体（　①　）が結成され，1967年には，欧州経済共同体と欧州石炭鉄鋼共同体（　②　）と欧州原子力共同体（EURATOM）の3つの機関を統合して，欧州共同体（EC）を発足させた。その後，EC加盟国はマーストリヒト条約に調印して，1993年には(a)欧州連合（　③　）を発足させた。東南アジアでは，域内における経済成長，貿易の拡大などをめざして，1967年に東南アジア諸国連合（　④　）が発足し，1993年には自由貿易地域を形成し，域内の(b)貿易の拡大と域外からの投資の促進がめざされた。アメリカ，カナダ，メキシコが，1994年に北米自由貿易協定（　⑤　）を発効させた。1995年には，対外共通関税や域内での財・サービス・労働力の自由市場をめざす南米南部共同市場（　⑥　）が発足している。

(1) ①〜⑥にあてはまる語句を，ア〜クから1つずつ選びなさい。
　　ア　ECB　　イ　メルコスール　　ウ　EEC　　エ　NAFTA
　　オ　AU　　カ　ASEAN　　キ　ECSC　　ク　EU
(2) 下線部(a)の政策としてあてはまらないものを，ア〜エから1つ選びなさい。
　　ア　関税同盟　　イ　域内の固定為替相場制導入
　　ウ　共通農業政策　　エ　ユーロ導入
(3) 下線部(b)の目的に加え，人・資本・情報など幅広い面で協力をめざす経済連携協定が，各国間で結ばれるようになった。この協定の略称を書きなさい。

4 〈新興国の台頭と経済協力〉

▶▶▶ わからないとき→p.108〜109

次の文を読み，あとの問いに答えなさい。　〔各3点　計24点〕

第二次世界大戦後，独立を果たした国々の多くは，生産物が単一または少数の一次産品に特化され，それらを先進国に輸出することを基本とする　①　経済であった。そのため，これらの(a)発展途上国と先進国の間で経済格差が拡大し，南北問題が生じていた。この問題を解決するため，1961年に先進諸国によって　②　が設立された。また国連も，発展途上国が要求する「　③　より貿易を」の実現をめざして，1964年に　④　を開催した。ここで発展途上国側は，一次産品の価格安定や　⑤　の実施などを求めた。現在，発展途上国のなかでも産油国や工業化に成功した国や地域がある一方で，(b)後発発展途上国とよばれる貧困に苦しむ国もある。このような発展途上国間の経済格差を　⑥　問題とよんでいる。

(1) ①〜⑥にあてはまる語句を，ア〜ケから1つずつ選びなさい。
　　ア　資源ナショナリズム　　イ　モノカルチャー　　ウ　UNCTAD
　　エ　東西　　オ　OECD　　カ　南南　　キ　一般特恵関税
　　ク　独立　　ケ　援助
(2) 下線部(a)の抱える問題としてあてはまらないものを，ア〜エから1つ選びなさい。
　　ア　累積債務　　イ　食糧危機　　ウ　双子の赤字　　エ　人口爆発
(3) 下線部(b)にあてはまる国を，ア〜エから1つ選びなさい。
　　ア　オマーン　　イ　タイ　　ウ　エクアドル　　エ　タンザニア

3
(1) ① ____
　② ____
　③ ____
　④ ____
　⑤ ____
　⑥ ____
(2) ____
(3) ____

ヒント
(1)②CoalとSteelの頭文字が入っている。
　③フランス語ではUEと略す。
　⑤FTAの1つ。
(2)経済面を中心とするさまざまな共通政策が実施されてきた。
(3)日本はおもにアジアの国々との間で締結している。

4
(1) ① ____
　② ____
　③ ____
　④ ____
　⑤ ____
　⑥ ____
(2) ____
(3) ____

ヒント
(1)①単一栽培の意味。
　③フェアトレードの促進に通じる理念。
　⑤通常の関税率より低いか，無税の特恵税率の適用を受けて輸出できる制度。
(3)後発発展途上国は，略称をLDCという。

執筆協力；菊地聡

編集協力；大木富紀子

デザイン；アルデザイン

図版作成；吉野みき

DTP；加藤文明社

シグマベスト
政治・経済の必修整理ノート

編 者	文英堂編集部
発行者	益井英郎
印刷所	NISSHA 株式会社
発行所	株式会社 文英堂

〒601-8121　京都市南区上鳥羽大物町28
〒162-0832　東京都新宿区岩戸町17
（代表）03-3269-4231

本書の内容を無断で複写（コピー）・複製・転載することは，著作者および出版社の権利の侵害となり，著作権法違反となりますので，転載等を希望される場合は前もって小社あて許諾を求めてください。

©BUN-EIDO　2014　　Printed in Japan　　●落丁・乱丁はおとりかえします。

政治・経済の必修整理ノート

解答集

文英堂

1章 民主政治の基本原理

〈p.6~7〉

1 政治と法

❗ 重要語句でチェック
① 政治
② 政治権力
③ 領域
④ 国民
⑤ 主権
⑥ グローバル化
⑦ 自然法
⑧ 実定法
⑨ 公法
⑩ 私法
⑪ 遡及立法
⑫ マグナ・カルタ
⑬ 法の支配
⑭ コモン・ロー
⑮ 法治主義
⑯ 立憲主義

📈 図表でチェック
① 領空
② 排他的経済水域
③ 公海
④ 慣習法
⑤ 国内法
⑥ 国際法
⑦ 社会法
⑧ 条約
⑨ 人
⑩ 法

✅ 正誤判断でチェック
① ×　② ○　③ ×
④ ○　⑤ ×

検討▶
① 領空の範囲に関する高度の規定はなく,「大気圏内」とされる。
③ ボーダンはカントの誤り。
⑤ 法務大臣の判断ではなく,裁判所の違憲立法審査権に委ねられるべきである。

〈p.8~9〉

2 民主政治の成立

❗ 重要語句でチェック
① 王権神授説
② 市民革命
③ 自然権
④ 闘争状態
⑤ 抵抗権
⑥ 一般意思
⑦ 主権
⑧ 憲法制定権力
⑨ 国民代表の原理
⑩ 直接民主主義
⑪ 多数決原理
⑫ 法の精神
⑬ 司法

📈 図表でチェック
① ホッブズ　② ロック
③ 名誉革命
④ ルソー
⑤ 執行権
⑥ 立法権
⑦ 行政権
⑧ 抑制

✅ 正誤判断でチェック
① ○　② ○　③ ×
④ ×　⑤ ×　⑥ ○

検討▶
③ ルソーの主張。ホッブズは「各人が国家の統治者である絶対主権者に自然権を譲渡することによって」と主張した。
④ ロックの主張。自然権が侵害されないように,人々は相互に社会契約を結び,国家をつくるとした。
⑤ 1215年のマグナ・カルタの内容。バージニア権利章典は,人はすべて財産を取得し,幸福と安全を追求する生来の権利を有することを定め,人権宣言の先がけとなった。

〈p.10~11〉

3 基本的人権の確立

❗ 重要語句でチェック
① 権利請願
② アメリカ独立宣言
③ フランス人権宣言
④ 自由権
⑤ 王(国王)
⑥ アダム・スミス
⑦ 夜警国家
⑧ 普通選挙制
⑨ 社会権
⑩ ワイマール憲法
⑪ 福祉国家
⑫ 世界人権宣言
⑬ 国際人権規約
⑭ 人種差別撤廃条約
⑮ 女子差別撤廃条約
⑯ 子ども(児童)の権利条約

📈 図表でチェック
① マグナ・カルタ
② 名誉
③ 権利章典
④ バージニア
⑤ チャーティスト
⑥ リンカン
⑦ 労働組合　⑧ ドイツ
⑨ 難民　⑩ 婦人
⑪ 選択　⑫ 障害者

✅ 正誤判断でチェック
① ○　② ×　③ ×
④ ○

検討▶
② フランス人権宣言の内容。「形式的に憲法が定められていても,権力分立が保障されていないものは,憲法の名に値しない」ということを意味している。
③ 国際人権規約は,社会権を規定したA規約,自由権に関するB規約,選択議定書からなる。

⟨p.12~13⟩

4　現代の民主政治

❗ 重要語句でチェック
1. 直接民主制
2. 間接民主制
3. 合意(型)民主主義
4. 多数者支配(型)民主主義
5. 政党政治
6. 大衆民主主義
7. ファシズム
8. 複数政党制
9. 世論(せろん)
10. ポピュリズム
11. ローカルパーティ

📈 図表でチェック
1. イギリス
2. 日本
3. スイス
4. イタリア
5. ドイツ
6. ユダヤ
7. ソ連
8. 一党制
9. 二党制
10. 多党制

✖ 正誤判断でチェック
① ×　② ×　③ ○

検討▶
① これは合意民主主義(多極共存型民主主義)の説明。多数者支配民主主義は，議会で多数を占める政党が強い力をもつ。
② 2010年，イギリスでは下院(かいん)選挙で過半数に達する政党がない状態(ハング・パーラメント)に陥り，第二次世界大戦後初めての連立政権が成立した。

⟨p.14~15⟩

5　世界のおもな政治体制

❗ 重要語句でチェック
1. 議院内閣制
2. 内閣(ようとう)　3. 解散(やとう)
4. 与党　5. 野党
6. 二大政党制
7. 連立政権
8. 大統領制
9. 教書
10. 拒否権
11. 違憲(法令)審査権
12. 生産手段
13. 共産党
14. ペレストロイカ
15. 開発独裁
16. イスラム原理主義

📈 図表でチェック
1. 国王　2. 首相
3. 議会　4. 連帯責任
5. 司法
6. 行政
7. 立法
8. マルクス・レーニン
9. 社会民主
10. 民主社会
11. 大韓民国(だいかんみんこく)
12. フィリピン
13. インドネシア

✖ 正誤判断でチェック
① ○　② ×　③ ○
④ ×　⑤ ×

検討▶
② 連邦最高裁判所は，アメリカ大統領に対しても違憲審査権をもっている。
④ 中国は一院制。
⑤ スハルト政権下では開発独裁が行われ，経済は成長したが民主主義はおさえられ，貧富の差が拡大した。

⟨p.16~17⟩

1章　定期テスト対策問題

❶
(1) ① ウ　② ク
　　③ ア　④ オ
(2) ア，エ，カ
(3) 法治主義
(4) マックス・ウェーバー

検討▶
(1)③ 国民と領域(領土・領海・領空)を独占的に支配する権力を，主権という。
(2) 条約は文書にまとめられた成文国際法であり，制定法に属する。内政不干渉(ないせいふかんしょう)の原則などの一般的慣行は国際慣習法である。
(4) 超人間的な資質をもった人物をカリスマという。伝統的支配とカリスマ的支配は，近代以降の社会においてはほとんど見られない。

❷
(1) ① ウ　② ア
　　③ エ　④ イ
(2) イギリス，議会制民主主義（間接民主主義）
(3) A　ルソー
　　B　ホッブズ
　　C　モンテスキュー
　　D　ロック

検討▶
(1)① 成文憲法をもたないイギリスにおいては，1215年のマグナ・カルタ，1628年の権利請願，1689年の権利章典が重要な法典となっている。
④ 1933年にナチス政権が成立すると，ワイマール憲法は廃止(はいし)された。
(2) 間接民主主義が行われる中心になる場が，国民による選挙で選ばれた代表によって構成される議会であることから，議会制民主主義とよぶ。

❸
(1)① ウ　② ア
(2) できるだけ多くの観点を考慮に入れ，調整を重視して合意形成をはかる。
(3) A ×
　　B ○
　　C ×
　　D ○

検討▶
(1)① 男子普通選挙はフランスで1848年に，イギリスでは1918年に実現した。
　② 合意民主主義は，政治における多様な諸勢力間の合意を重視する。一方，多数者支配民主主義は，多数派の意思の実現に重きをおく。
(3) A 自民党が与党として政権を担い，野党第一党である日本社会党を中心として日本共産党，民社党などの野党が反対政党として存在した。
　C 現在のロシアは多党制で，半大統領制をとっている。

❹
(1)① 議院内閣
　② 大統領
　③ 教書
　④ 拒否
(2) ア

検討▶
(1)① 日本・イギリス・ドイツなどは，内閣が議会だけに責任をもち（一元型議院内閣制），君主や大統領が内閣の任免に関わることはない。
　② アメリカの大統領制は，議院内閣制と比べると，徹底した権力分立制をとっている。

2章 日本国憲法の基本原理
〈p.18~19〉

6 日本国憲法の制定と基本原理

❗ 重要語句でチェック
❶ 最高法規
❷ 立憲主義
❸ プロイセン憲法
❹ 統治権
❺ 臣民の権利
❻ 憲政の常道
❼ 連合国軍総司令部
❽ 公布
❾ 国民主権
❿ 象徴
⓫ 基本的人権
⓬ 平和主義
⓭ 交戦権
⓮ 国民投票

📈 図表でチェック
❶ 天皇
❷ 枢密院
❸ 陸海軍
❹ 帝国議会
❺ 内閣　❻ 裁判所
❼ 助言　❽ 召集
❾ 衆議院
❿ 3分の2
⓫ 発議
⓬ 過半数

✏️ 正誤判断でチェック
① ×　② ×　③ ○
④ ×

検討▶
① 大日本帝国憲法の主権者は天皇であった。
② マッカーサー草案は象徴天皇制，戦争の放棄，封建的諸制度の廃止の3原則に基づく。
④ 発議には，各議院の総議員の3分の2以上の賛成が必要。

〈p.20~21〉

7 基本的人権の保障

❗ 重要語句でチェック
❶ 公共の福祉
❷ 納税
❸ 教育の機会均等
❹ 政教分離の原則
❺ 職業
❻ 苦役
❼ 黙秘権
❽ 最低限度
❾ 団結権
❿ 労働組合法
⓫ 環境権
⓬ 知る権利
⓭ プライバシーの権利

📈 図表でチェック
❶ 部落
❷ 男女共同参画社会
❸ アイヌ
❹ 令状
❺ 裁判
❻ 参政権
❼ 最高裁判所裁判官
❽ 特別法
❾ 国民投票
❿ 請求権

✏️ 正誤判断でチェック
① ○　② ○　③ ×
④ ×　⑤ ○　⑥ ○

検討▶
③ 憲法第23条の学問の自由には，学問研究の自由，発表の自由，教授の自由など，大学の自治がふくまれる。
④ 朝日訴訟において，憲法第25条は努力目標であり（プログラム規定），具体的な権利をあたえるものではないとされた。

⟨p.22~23⟩

8 平和主義

❗ 重要語句でチェック
1. 平和的生存権
2. 戦争
3. 日米安全保障条約
4. 事前協議制度
5. 専守防衛
6. PKO（国連平和維持活動）協力法
7. 周辺事態
8. イラク戦争
9. 文民統制
10. 集団的自衛権
11. 非核三原則
12. 人間の安全保障

📊 図表でチェック
1. 自衛　　2. 交戦
3. 警察予備隊
4. 戦力
5. 駐留軍
6. 必要最小限度
7. 国民
8. ガイドライン
9. テロ

✏️ 正誤判断でチェック
① ×　② ×　③ ○
④ ×

検討▶
① 1950年 朝鮮戦争の勃発，警察予備隊の創設→1951年 サンフランシスコ平和条約，日米安全保障条約→1952年 保安隊の創設→1954年 自衛隊の発足という流れ。
② 政府は，個別的自衛権は行使できるが，集団的自衛権は憲法の容認する自衛権の限界をこえるという見解を示している。
④ 自衛隊の活動は，医療支援，給水，学校・道路の補修といった人道復興支援活動に限られた。

⟨p.24~25⟩

2章 定期テスト対策問題

❶
(1)① エ　② シ
　③ ア　④ コ
　⑤ カ　⑥ サ
(2) エ
(3) イ
(4) 硬性憲法

検討▶
(1)② 「天皇ハ国ノ元首ニシテ統治権ヲ総攬シ…」（第4条），「天皇ハ陸海軍ヲ統帥ス」（第11条）とあり，天皇は元首かつ統治権の総攬者とされていた。
⑤ 憲法に他の法律より厳しい改正条件を課しているのは，憲法は個人の権利・自由を保障するために国家権力を制限するものだという，立憲主義の考えに基づいているためである。
(2) 天賦人権説に基づいて規定されている。
(3) 内閣総理大臣の指名は国会が行い，その議決に基づいて天皇が任命する。

❷
(1)① オ　② ア
　③ カ　④ ケ
　⑤ イ　⑥ ウ
　⑦ ク
(2) 国および地方公共団体は，宗教上の団体に対していかなる特権もあたえてはならない。
(3) 遡及処罰の禁止
(4) 公共の福祉
(5) 環境権
(6) 労働組合法
(7) 公務員

検討▶
(1)⑤ 「健康で文化的な最低限度の生活」の水準を問う生存権裁判が，過去にたびたび行われてきた。
⑥ 主権者である国民の意思を反映させ，裁判所を監督する働きをもっているが，これまで国民審査でやめさせられた例はない。
(4) 人権の利害が衝突するような場合に，それを調整するものである。
(7) 行政が誤って国民に損害をあたえた場合の損害賠償のほか，行政が私有財産を公共のために用いる場合の損失補償が認められている。

❸
(1)① ア
　② キ
　③ カ
　④ イ
(2) イ
(3) イラク
(4) ウ

検討▶
(1)② 朝鮮戦争が始まると安全保障の方針が変わり，連合国軍総司令部の指示によって警察予備隊が設置された。
③ 国連憲章は，国際紛争を解決するために武力を行使しないことを加盟国に求めているが，例外として加盟国が自衛権を一時的に行使できることを定めている。日米安全保障条約はこの国連憲章の考えに基づいて締結された。
(2) 選挙や停戦監視，医療の援助のために，自衛隊員だけでなく警察官や民間人も，紛争地域に派遣されている。
(3) 自衛隊の任務は，後方支援や人道支援に限られている。
(4) 百里基地訴訟は，自衛隊基地の土地所有権をめぐって国と住民が争った。長沼ナイキ訴訟は，自衛隊の基地建設をめぐって国と住民が争った。砂川事件は，米軍基地拡張反対派が基地内に立ち入って起訴された。

3章 日本の政治機構

⟨p.26~27⟩

9 国会と立法

❗ 重要語句でチェック
1. 立法機関
2. 国権
3. 議会制民主主義
4. 二院制
5. 内閣不信任決議権
6. 免責特権
7. 条約
8. 財政
9. 弾劾裁判所
10. 国政調査権
11. 常会
12. 特別会
13. 公聴会

📊 図表でチェック
1. 議員
2. 衆議院
3. 3分の2
4. 両院協議会
5. 天皇
6. 召集
7. 解散
8. 違憲
9. 最高裁判所長官

✅ 正誤判断でチェック
① × ② × ③ ×
④ × ⑤ ○ ⑥ ○

検討▶
① 条約の締結には国会の承認が必要。
② 最高裁判所長官の任命権は天皇がもっている。
③ 衆議院に先議権があるのは予算案。
④ 国政調査権は、両院に対等の権利がある。

⟨p.28~29⟩

10 内閣と行政

❗ 重要語句でチェック
1. 行政権
2. 国会議員
3. 総辞職
4. 衆議院
5. 首長
6. 閣議
7. 政令
8. 国事行為
9. 公務員
10. 行政委員会
11. 委任立法
12. 官僚
13. 情報公開法

📊 図表でチェック
1. 任命
2. 指名
3. 不信任
4. 条約
5. 承認
6. 内閣府
7. 財務省
8. 厚生労働省
9. 国土交通省

✅ 正誤判断でチェック
① ○ ② × ③ ×
④ × ⑤ ○ ⑥ ×

検討▶
② 内閣は国会に対して責任を負い、内閣総理大臣は国会議員のなかから指名される。
③ 緊急の必要がある場合は、内閣の求めにより参議院の緊急集会が開かれる。
④ 行政国家では、官僚制が発達し、公務員の数が増える「大きな政府」となる。
⑥ 両院協議会で得られた成案を、再び両院で議決する必要がある。

⟨p.30~31⟩

11 裁判所と司法

❗ 重要語句でチェック
1. 司法
2. 独立
3. 規則制定権
4. 公開
5. 裁判員制度
6. 下級裁判所
7. 刑事裁判
8. 起訴
9. 民事裁判
10. 原告
11. 三審制
12. 憲法の番人
13. 統治行為論

📊 図表でチェック
1. 被告
2. 和解
3. 弁護人
4. 検察官
5. 最高裁判所
6. 高等裁判所
7. 家庭裁判所
8. 地方裁判所
9. 控訴
10. 簡易裁判所

✅ 正誤判断でチェック
① ○ ② × ③ ○
④ × ⑤ ×

検討▶
② 国民審査のほか、公の弾劾(国会における弾劾裁判)、心身の故障のため職務をとることができないと決められた場合がある。
④ 裁判は公正・公開で行われ、だれでも傍聴することができる。
⑤ 民事裁判のうち、国や地方公共団体を相手どって行う裁判を行政裁判という。

⟨p.32~33⟩

12 地方自治

重要語句でチェック
1. 地方自治法
2. 民主主義の学校
3. 団体自治
4. 住民自治
5. リコール
6. 住民投票
7. シビル・ミニマム
8. 首長
9. 条例
10. 自治事務
11. 法定受託事務
12. 地方交付税（交付金）
13. NPO

図表でチェック
1. 執行　　2. 議決
3. 拒否
4. 不信任
5. 副知事
6. 50
7. 監査
8. 解散
9. 3
10. 選挙管理委員会

正誤判断でチェック
① ○　② ×　③ ○
④ ×　⑤ ×　⑥ ×

検討▶
② 地方議会の議決のみで成立する。条例は各地方公共団体が法律の範囲内で自由に制定できる法である。
④ 監査結果は公表され，報告は首長，地方議会などに対して行う必要がある。
⑤ 機関委任事務が廃止され，自治事務と法定受託事務という新たな区分に整理された。
⑥ 国庫支出金は地方交付税交付金の誤り。

⟨p.34~35⟩

3章　定期テスト対策問題

1
(1)① ケ　② ア
③ ク　④ コ
⑤ エ　⑥ ウ
⑦ キ
(2) A ウ
　　B イ
　　C カ
　　D エ
(3) 閣議
(4) ウ
(5) ア
(6) 解散があり，任期の短い衆議院のほうが，国民の意思を直接反映すると考えられているため。
(7) イ
(8) 公聴会

検討▶
(1)②⑤⑥ 期日が最も短いのは，内閣が解散・総辞職を選択する期間。期日が最も長いのは，解散から総選挙までの期間。
⑦ 本会議は各議院の議員全員が参加する。委員会は議員が分かれて構成する。
(2) アは人権の啓発など，オは予算の作成や硬貨の発行を行う。
(7) アは年1回，1月に召集される。ウは内閣または，いずれかの議院の総議員の4分の1以上の要求がある場合に召集される。エは衆議院解散中に，緊急の必要がある場合に参議院が召集される。

2
(1)① イ　② オ
③ コ　④ ケ
⑤ エ　⑥ ウ
(2) 違憲（法令）審査権
(3) イ

検討▶
(1)④ 裁判官が独立した公正な裁判を行うためには，国会や内閣などによって，その地位をおびやかされないようにする必要がある。
⑥ 最高裁判所の裁判官には任期がないが，任命後初めて行われる衆議院議員総選挙の際，および10年を経過する総選挙のたびに，国民の直接投票により審査される。
(2) 最高裁判所は，法律や行政機関の行為が合憲か違憲かについて最終的な決定権をもつ。
(3) 刑事裁判において，簡易裁判所からの控訴は高等裁判所に対して行われる。

3
(1)① オ　② ア
③ ケ　④ エ
⑤ カ　⑥ ク
(2) エ
(3) （都道府県）知事
(4) イニシアティブ

検討▶
(1)① 地方自治が国から独立した団体に委ねられ，団体自らの意思と責任の下でなされるという原則を，団体自治という。
④ 二元代表制の下で，首長と議会は抑制と均衡の関係を保っている。
⑥ 条例や監査に関する請求は有権者の50分の1以上，解職・解散などの請求は3分の1以上となっている。
(2) 法律または政令により，国から地方公共団体に委任される事務を機関委任事務といい，1999年の地方分権一括法により廃止された。
(4) 住民投票を意味するレファレンダム，解職請求のリコールと区別する。

4章 現代日本の政治

〈p.36~37〉

13 戦後政治のあゆみ

!重要語句でチェック
1. 自由党
2. 日本共産党
3. 55年体制
4. 新保守主義
5. 利益集団
6. 族議員
7. 派閥
8. 金権政治
9. 政治改革
10. 構造改革
11. 政権交代
12. マニフェスト

図表でチェック
1. 日本社会党
2. 自由民主党
3. 公明党
4. 民社党
5. 民主党
6. ロッキード
7. リクルート
8. 佐川急便

正誤判断でチェック
① ○ ② × ③ ○
④ × ⑤ ×

検討▶
② 派閥は委員の任命には関与しないが、国務大臣の任命に際しては派閥の意向を反映させる傾向がある。
④ 起訴されたのは元官房長官ら。竹下首相は起訴されなかったものの、内閣は退陣へ追い込まれた。
⑤ 鳩山由紀夫は菅直人の誤り。民主党政権下でも党内の造反、支持率の低下などにより、ひんぱんな首相の交代が続いた。

〈p.38~39〉

14 選挙制度と政党

!重要語句でチェック
1. 平等選挙
2. 秘密選挙
3. 比例代表制
4. 小選挙区制
5. 中選挙区制
6. 小選挙区比例代表並立制
7. 非拘束名簿式比例代表制
8. 1票の格差
9. 連座制
10. 政治資金規正法
11. 政党助成法
12. 無党派層
13. 18歳

図表でチェック
1. 比例代表制
2. 死票
3. 大選挙区制
4. 中選挙区制
5. 派閥
6. 小選挙区制
7. 4
8. 465
9. 3
10. 248

正誤判断でチェック
① ○ ② × ③ ○
④ × ⑤ × ⑥ ×

検討▶
② 小選挙区比例代表並立制では、小選挙区での立候補者を比例代表における政党の名簿に同時に登載することができる。
④ 選挙の種類に関係なく、戸別訪問は公職選挙法で禁止されている。
⑤ 無党派層とは、特定の政党を支持しない者をいう。
⑥ マニフェストに法的拘束力はなく、反故にされることがある。

〈p.40~41〉

15 世論と政治参加

!重要語句でチェック
1. 利益集団
2. 世論
3. マスメディア
4. 第四の権力
5. eデモクラシー
6. メディア・リテラシー
7. 大衆運動
8. 市民運動
9. 住民運動
10. NGO
11. NPO

図表でチェック
1. 新聞　2. テレビ
3. ラジオ
4. インターネット
5. 湾岸
6. 麻生
7. エジプト

正誤判断でチェック
① × ② ○ ③ ×
④ ○ ⑤ × ⑥ ○
⑦ × ⑧ ○ ⑨ ×
⑩ ×

検討▶
① 自分自身の考え方を形づくったうえで、その集約されたものが世論として表れる。
③ 利益集団ではなく、政党について説明した文である。
⑤ 利益集団(圧力団体)が力をもつと、国益の軽視、財政支出の増大などの弊害が生まれる。
⑦ 明治時代以降の日本を見ても、戦時体制下をはじめ報道の統制はひんぱんに行われてきた。
⑨ 事実を正確に伝えるとは限らない。
⑩ 報道を取捨選択し、批判的に読み説く力である。

〈p.42~43〉

4章 定期テスト対策問題

❶
(1)① F
　② B
　③ H
　④ G
(2) 政治改革
(3) 構造改革

検討▶
(1)① ロッキード事件では，事件当時首相であった田中角栄や商社の幹部らが逮捕された。
② 鳩山一郎は自由党と民主党の保守合同を実現し，自由民主党の初代総裁となった。
③ 社会党・新生党・公明党・日本新党・民社党・新党さきがけ・社民連・民主改革連合の8党派による非自民連立政権を発足させた。
④ 中曽根康弘と同時期に政治を行ったイギリスのサッチャー，アメリカのレーガンも新保守主義の立場をとった。

❷
(1)① ク
　② オ
　③ ア
　④ カ
(2) 利益集団（圧力団体）
(3) ア，ウ
(4)① ○
　② ×
　③ ×
(5) 小選挙区比例代表並立制

検討▶
(1)① 特権階級を対象とする制限選挙の時代に力をもった政党。
③ 政策の実現時期や具体的な数値目標を明らかにしている点が，従来の公約とは異なる。
④ 政治団体の届出，政治団体にかかわる政治資金の収支の公開，政治団体および公職の候補者にかかわる政治資金の授受の規正などの措置を講じている。
(3) 代表民主制の下，国民の自由な言論および結社活動を前提に，普通選挙制によって国民の多様な意思が議会を通じて国政に反映されている。
(4) (d)は小選挙区制の考えで，二大政党制を実現しやすい。

❸
(1)① カ
　② ウ
　③ ア
　④ オ
(2) ウ
(3)① 住民運動
　② 市民運動
(4) 私的な利益を目的とせず，環境・文化・教育・福祉などさまざまな分野で活動する市民団体。

検討▶
(1)② 放送による人権侵害，過剰な演出が相次いだため，放送業界は番組の質的な向上と放送倫理の遵守をめざして，BPO（放送倫理・番組向上機構）という組織をつくった。
③ 主体的な情報の読み取り能力を身につける必要がある。
④ アメリカの社会学者であるリースマンの類型によると，政治的無関心は「伝統型無関心」（近代以前の政治的無知を背景とする無関心）と，「現代型無関心」（教養はあるが政治参加の意欲がない）に分けられる。
(3) 住民運動は特定地域内の問題の解決のために行われる運動，市民運動は世界的なテーマについて地域の境界を越えて行われる運動である。
(4) 法人格をもったNPO法人（特定非営利活動法人）と，法人格をもたないNPOがある。

5章 現代の国際政治
〈p.44~45〉

16 国際社会と国際法

重要語句でチェック
❶ ウェストファリア条約
❷ 主権
❸ 権力政治
❹ 勢力均衡
❺ 国民国家
❻ ナショナリズム
❼ 民族自決の原則
❽ グロティウス
❾ 国際慣習法
❿ 国際司法裁判所
⓫ 国際刑事裁判所
⓬ 国際世論

図表でチェック
❶ 国内法
❷ 条約
❸ 合意
❹ 慣行
❺ 不干渉
❻ 公海
❼ 領海

正誤判断でチェック
① ○　② ○　③ ○
④ ×　⑤ ×　⑥ ×

検討▶
④ 批准などの手続きで同意を表明した国家に対してのみ，条約は拘束力をもつ。
⑤ 国際司法裁判所の判決は紛争当事国に対して拘束力をもち，これに従わない場合は安全保障理事会による制裁の対象となる。
⑥ 国際刑事裁判所は，1998年7月のローマ規程に基づき，2003年3月，ハーグに設置された。

⟨p.46~47⟩

17 国際連合と国際協力

❗ 重要語句でチェック
❶ ウィルソン
❷ 全会一致
❸ 国連憲章　❹ 総会
❺ 安全保障理事会
❻ 拒否権
❼ 経済社会理事会
❽ 多国間主義
❾ 「平和のための結集」決議
❿ 国連軍
⓫ 平和維持活動
⓬ 多国籍軍
⓭ ミレニアム開発目標

📊 図表でチェック
❶ 勢力均衡
❷ 集団安全保障
❸ 事務局
❹ UNCTAD（アンクタッド）
❺ UNICEF（ユニセフ）
❻ WTO　❼ ILO
❽ UNESCO（ユネスコ）
❾ WHO　❿ IMF

✅ 正誤判断でチェック
① ×　② ×　③ ○
④ ×　⑤ ×　⑥ ○

検討▶
① 常任理事国5か国をふくむ9か国以上の賛成により決議が成立する。5常任理事国の1か国でも反対すると決定できない（拒否権）。
② 1994年からは活動を停止している。
④ 国連貿易開発会議は南北問題の検討のために設置された。OEEC（欧州経済協力機構）が1961年に改組してOECD（経済協力開発機構）となった。
⑤ 総会と安全保障理事会が逆である。

⟨p.48~49⟩

18 国際政治の動向

❗ 重要語句でチェック
❶ トルーマン・ドクトリン
❷ 北大西洋条約機構
❸ コミンフォルム
❹ ワルシャワ条約機構
❺ デタント
❻ 中ソ対立
❼ アジア・アフリカ会議
❽ マルタ会談
❾ 独立国家共同体
❿ 欧州連合
⓫ 東南アジア諸国連合
⓬ アジア太平洋経済協力会議
⓭ 同時多発テロ

📊 図表でチェック
❶ 朝鮮
❷ ベルリン
❸ キューバ
❹ ベトナム
❺ チェコ
❻ 全欧安保協力会議
❼ アフガニスタン
❽ 中距離核戦力(INF)全廃
❾ ドイツ
❿ ソ連
⓫ アメリカ
⓬ イラク

✅ 正誤判断でチェック
① ×　② ○　③ ○
④ ×　⑤ ○　⑥ ×

検討▶
① マーシャル・プランはアメリカが実施した、戦争で被災したヨーロッパ諸国の復興のための援助計画。
④ 「プラハの春」は1968年に始まった自由化・民主化運動。「ヴィロード革命」の誤り。
⑥ 米軍を中心とする多国籍軍がイラクに侵攻した。

⟨p.50~51⟩

19 核兵器と軍縮

❗ 重要語句でチェック
❶ 核抑止論
❷ 原水爆禁止運動
❸ パグウォッシュ会議
❹ 部分的核実験禁止条約
❺ 核拡散防止条約
❻ 国連軍縮特別総会
❼ 中距離核戦力(INF)全廃条約
❽ 欧州通常戦力(CFE)条約
❾ 戦略兵器削減条約
❿ 包括的核実験禁止条約
⓫ 戦略攻撃兵器削減条約
⓬ 非核地帯

📊 図表でチェック
❶ 水爆
❷ アインシュタイン
❸ イギリス
❹ NPT
❺ SALT（ソルト）
❻ 反核　❼ START（スタート）
❽ CTBT　❾ ロシア
❿ フランス
⓫ パキスタン
⓬ 南太平洋

✅ 正誤判断でチェック
① ×　② ×　③ ○
④ ×

検討▶
① パグウォッシュ会議は、ラッセルとアインシュタインによる「ラッセル・アインシュタイン宣言」を受けて、1957年に開催された。
② 核不拡散、核軍縮交渉を行う義務、原子力の平和利用が定められた。核戦力の上限は設定されていない。
④ 西アジアは非核地帯条約が結ばれていない。

⟨p.52~53⟩

20 人種・民族問題

重要語句でチェック
① アパルトヘイト
② クルド人
③ ユーゴスラビア
④ 国連難民高等弁務官事務所
⑤ マイノリティ
⑥ 自民族中心主義
⑦ 多文化主義
⑧ 地域紛争
⑨ コソボ自治州
⑩ ルワンダ
⑪ チェチェン　⑫ AU

図表でチェック
① アルジェリア
② レバノン
③ グレナダ
④ コンゴ
⑤ カンボジア
⑥ ソマリア
⑦ 米州機構
⑧ 全欧安保協力機構
⑨ ASEAN地域フォーラム
⑩ アフリカ連合

正誤判断でチェック
① ×　② ×　③ ×
④ ×　⑤ ○

検討▶
① 冷戦終結は1989年のマルタ会談による。難民条約(難民の地位に関する条約)は，1951年に国際連合の会議で採択された。
② モンテネグロは，スロベニアとクロアチアの誤り。
③ フツ族とツチ族が逆である。
④ 多文化主義は，民族や人種の多様性を尊重し，社会において不利益を被る立場におかれている人々も平等に社会参加できるような国づくりをめざすものである。

⟨p.54~55⟩

21 国際政治と日本

重要語句でチェック
① ポツダム宣言
② サンフランシスコ平和条約
③ 日米安全保障条約
④ 日ソ共同宣言
⑤ 自由主義諸国
⑥ アジア
⑦ 賠償
⑧ 日韓基本条約
⑨ 日中共同声明
⑩ 北方領土問題
⑪ ASEAN地域フォーラム
⑫ 人間の安全保障
⑬ 相互依存

図表でチェック
① 朝鮮
② GATT
③ ソ連
④ 国際連合
⑤ OECD
⑥ 大韓民国
⑦ 沖縄
⑧ 中華人民共和国
⑨ 日中平和友好条約
⑩ アジア
⑪ 竹島　⑫ ロシア
⑬ 尖閣諸島
⑭ 200
⑮ 沖ノ鳥島

正誤判断でチェック
① ○　② ×　③ ○
④ ×　⑤ ×　⑥ ×

検討▶
② 日ソ共同宣言の誤り。
④ 1976年の三木内閣の誤り。
⑤ 有事法制関連7法は2004年に成立した国民保護法などのこと。
⑥ 青年海外協力隊は，国際協力機構(JICA)の事業である。

⟨p.56~57⟩

5章　定期テスト対策問題

❶
(1)① コ　② ス
　③ オ　④ セ
　⑤ シ　⑥ エ
　⑦ ク　⑧ ウ
(2) 総会と理事会の議決が全会一致制であり，有効な決定ができなかったため。
(3) ア，エ

検討▶
(1)② ナショナリズムには，他民族のことをかえりみない自民族中心主義を生む危険性もある。
　④ 法の起源，戦争が生じる原因，戦争において許容される行為などについて考察している。
　⑥ 国際連合においては，経済制裁，武力制裁，停戦監視団の派遣などがこれにあてはまる。
　⑧ 1996年には，核兵器の違法性に関する勧告の意見を出した。
(2) 国際連盟の提唱国であるアメリカが，議会の反対により加盟しなかったこと，経済制裁はできたが武力制裁はできなかったこと，なども理由としてあげられる。
(3) アは国連開発計画，イは国際労働機関，ウは世界保健機関，エは国連貿易開発会議の略称。

❷
(1)① ク　② エ
　③ イ　④ ア
　⑤ オ
(2) ウ
(3) デタント(緊張緩和)

検討▶
(1)② アメリカ，ソ連(現ロシア)，イギリス，フランス，中国の5か国のみに核兵器保有を認めた。
　④ トラテロルコ条約(1967年)でラテンアメリカおよびカリブ海地域の，ラロトンガ条約(1985

年)で南太平洋地域の，バンコク条約(1995年)で東南アジア地域の，ペリンダバ条約(1996年)でアフリカ地域の，中央アジア非核兵器地帯条約(2006年)で中央アジア地域の非核化を宣言。
(2) イは西側による北大西洋条約機構。エはアメリカがギリシャ，トルコへの軍事支援を議会に要請した方針。
(3) デタントは1960年代から1979年のソ連によるアフガニスタン侵攻まで続いた。

❸
(1)① オ　② エ
　③ ウ
(2) 自由主義諸国との協調
(3) ア
(4)① ミャンマー
　② 大韓民国(だいかんみんこく)

検討▶
(1)① 中国は講和会議に招かれなかった。インド，ビルマ(現ミャンマー)，ユーゴスラビアは条約に反対して参加しなかった。講和会議に参加したソ連，チェコスロバキア，ポーランドの3か国は調印しなかった。
　② その後，ソ連は1960年の日米安全保障条約改定に反発して，日ソ共同宣言を一方的に破棄(はき)した。
　③ ベトナム戦争の基地としての役割を果たしていた沖縄では，反戦，祖国復帰運動が高まった。
(2) 残りの2つは国連中心主義，アジアの一員としての立場の堅(けん)持(じ)。
(3) フィリピン，南ベトナム，インドネシア，ビルマの4か国は，二国間協定による賠(ばい)償(しょう)を受け取った。
(4)② 1952年，竹(たけ)島(しま)を韓国領に取り込む「李(リ)承(ショウ)晩(バン)ライン」が一方的に設定された。

6章 経済社会の変容

〈p.58~59〉

22 資本主義経済の成立と発展

! 重要語句でチェック
❶ 労働力
❷ サービス
❸ 消費
❹ 市(し)場(じょう)
❺ トレードオフ
❻ 機(き)会(かい)費(ひ)用(よう)
❼ 市場経済
❽ 自由放任主義
❾ イノベーション
❿ 有(ゆう)効(こう)需(じゅ)要(よう)
⓫ 修正資本主義
⓬ マルクス
⓭ ペレストロイカ

📊 図表でチェック
❶ 産業
❷ 資本家
❸ 小さな
❹ 自由
❺ シュンペーター
❻ ケインズ
❼ 計画
❽ 労働者
❾ ロシア革命
❿ 改革・開放

✏️ 正誤判断でチェック
① ○　② ×　③ ×
④ ○　⑤ ×

検討▶
② アダム・スミスは，保護貿易で外貨を稼ぐ重商主義を批判し，自由貿易を唱えた。
③ 規制緩和政策は，ケインズ政策への批判から生まれた新自由主義において実施された。
⑤ マルクスはリストの誤り。

〈p.60~61〉

23 現代の資本主義経済

! 重要語句でチェック
❶ ガルブレイス
❷ 規模
❸ 経営
❹ マネタリズム
❺ 新自由主義
❻ グローバル化
❼ 直接投資
❽ 情報通信技術
❾ 多国籍企業
❿ 国際資本移動
⓫ アジア通貨危機
⓬ リーマン・ショック
⓭ 底辺への競争

📊 図表でチェック
❶ 個人
❷ 銀行
❸ 外国
❹ 政府
❺ ニューディール
❻ 大きな
❼ 小さな
❽ 貿易

✏️ 正誤判断でチェック
① ×　② ×　③ ×
④ ○　⑤ ×

検討▶
① ガルブレイスは著書『ゆたかな社会』のなかで，消費者主権を批判した。
② ケインズの主張である。フリードマンはマネタリズムを主張してケインズ政策を批判した。
③ レーガンとサッチャーが逆。
⑤ 資本移動の自由が原則。IMFは融(ゆう)資枠の拡大などを実施した。

6章 定期テスト対策問題

〈p.62~63〉

1
(1)① イ　② キ
　③ ク　④ ス
　⑤ コ　⑥ ウ
　⑦ エ　⑧ カ
　⑨ ケ　⑩ サ
(2) マルクス
(3) 政府の市場への介入を極力減らすべきだとする主張。
(4) ア
(5) イ

検討▶
(1)② 商品のうち形のあるものを財，形がなく満足や効用を提供するものをサービスという。
　④ レッセ・フェール(フランス語で「なすがままにさせる」という意味)ともいわれる。個人の利益を自由に追求させることで，神の「見えざる手」によって社会の繁栄がもたらされるとした。
　⑥ 特に独占資本主義の時代に株式会社制度が大きく発展し，重化学工業の成長をもたらした。
　⑧ 政府の積極的な経済介入，農産物の価格調整，失業補償，労働者の団結権の保障などを実施した。
(2) それまでのフーリエらの空想的社会主義に対比して，科学的社会主義とよんだ。
(4) イは営利本位の資本主義体制を批判した。ウはフリードマンとともに新自由主義を主導した。
(5) ホンコンと並んで，マカオは特別行政区に定められ，一定の自治と資本主義的な制度が認められている。

2
(1)① エ　② キ
　③ ケ　④ コ
　⑤ ア

(2) ICT
(3) (第1次)石油危機
(4)A エ
　B 経済成長や人口増加などに合わせて通貨量を一定率で増やすこと。
(5) 多国籍企業
(6) 第三の道
(7) リーマン・ショック
(8) グローバル・ガバナンス

検討▶
(1)① グローバル化のマイナス面としては，貧富の差の拡大，文化の画一化などがあげられる。
　③ 大幅減税などを実施したが，財政収支・貿易収支の「双子の赤字」をもたらす結果となった。
　④ 対外直接投資ともいう。外国企業に対して永続的に経営を支配することを目的に行われる投資で，海外の投資先への貸付・債権保有・不動産取得などがふくまれる。
(3) 石油危機により原油価格が高騰すると，原油に関連するすべての産業の製品価格が影響を受けた。この高騰に耐えられない消費者は，購入を控えるようになり，購買力の低下が経済全体の需要減と生産の停滞をもたらした。
(4) アは厚生経済学を確立した。イは生産者協同組合の設立を唱えた。ウは功利主義を唱えた。
(6) ブレア首相は，すべてを放任する自由主義でもなく，国家がすべてを管理する社会主義でもない「第三の道」を，政治的立場として掲げた。
(8) 地球サミットのような国際会議，欧州連合(EU)のような地域主義のほか，非政府組織(NGO)などの民間の取り組みもふくめた，地球規模の構想である。

7章 現代経済のしくみ

〈p.64~65〉

24 経済主体と経済循環

! 重要語句でチェック
❶ 経済主体
❷ 家計
❸ 賃金
❹ 生産要素
❺ 消費支出
❻ 貯蓄
❼ 資産効果
❽ バブル経済
❾ 利潤
❿ 租税
⓫ 分配

図表でチェック
❶ 消費支出
❷ 交通・通信費
❸ 租税
❹ 貯蓄
❺ 社会保障
❻ 公務員
❼ 投資
❽ 利子
❾ 財

正誤判断でチェック
① ○　② ×　③ ○
④ ×

検討▶
② 生命の維持のために最低限必要となる食料費は，所得水準による変動が少ないため，所得が増大するにつれて，その割合は低くなっていく。しかし，今もなお消費支出の4分の1近くを占め，最も割合が高い。
④ レジャーは消費支出のうちの教養娯楽費，教育は教育費にふくまれる。

〈p.66~67〉

25 生産のしくみと企業

重要語句でチェック
1. 費用
2. 減価償却費
3. 設備投資
4. 研究開発投資
5. 法人企業
6. 株主
7. 配当
8. 内部留保
9. 有限責任
10. M&A
11. 持株会社制度
12. コンプライアンス
13. アカウンタビリティ

図表でチェック
1. 取締役
2. 合名会社
3. 無限
4. 合資会社
5. 合同会社
6. 株主総会
7. 取締役
8. 預金
9. 出資

正誤判断でチェック
① ○ ② ○ ③ ×
④ × ⑤ × ⑥ ×

検討▶
③ 返済義務のある社債をはじめとする外部から調達した資本のことを他人資本という。株式資本は自己資本。
④ 株主が有限責任を負う。
⑤ 持株会社は株式を保有する会社の事業活動を管理下において、実質的に支配している。
⑥ コーポレート・ガバナンスとは、株主の利益の保護のため、経営者が適切な会社運営を行うよう監視するしくみのこと。

〈p.68~69〉

26 市場経済の機能と限界

重要語句でチェック
1. 需要
2. 供給
3. 価格の自動調節機能
4. 均衡価格
5. 効率的配分
6. 競争
7. 情報
8. 公共財
9. カルテル
10. コンツェルン
11. 管理価格
12. 非価格競争
13. 独占禁止法

図表でチェック
1. 需要
2. 上昇
3. 供給
4. 下落
5. 経済
6. 補助金
7. 不経済
8. 課税
9. 協定
10. トラスト
11. 株式

正誤判断でチェック
① × ② × ③ ×
④ × ⑤ ○

検討▶
① 完全競争市場の実現のためには、売り手と買い手が多数存在することが必要である。
② 寡占企業が支配的な状況下では、宣伝・広告・デザインなどの非価格競争が盛んになる。
③ 下落と上昇が逆である。
④ 寡占市場では、資源が効率的に配分されにくい。

〈p.70~71〉

27 国民所得と経済成長

重要語句でチェック
1. ストック
2. 国内総生産
3. 固定資本減耗
4. 国民所得
5. 対外純資産
6. 社会資本
7. 国民純福祉
8. 人間開発指数
9. 経済成長率
10. インフレーション
11. デフレ・スパイラル
12. 消費者物価
13. 企業物価

図表でチェック
1. GDP
2. GNP
3. NNP
4. NI
5. GNE
6. 好況
7. 不況
8. キチン
9. ジュグラー
10. クズネッツ
11. コンドラチェフ

正誤判断でチェック
① ○ ② × ③ ×
④ × ⑤ × ⑥ ○

検討▶
② 国内純生産は、国内総生産から固定資本減耗を差し引いたもの。
③ 事前的ではなく、事後的の誤り。
④ 通貨の相対的価値が上昇するの誤り。
⑤ デフレーションはインフレーションの誤り。

本冊p.72～77の解答

⟨p.72~73⟩
28 金融のしくみ

重要語句でチェック
1. 金本位制
2. 管理通貨制度
3. 現金通貨
4. 直接金融
5. 間接金融
6. 短期金融市場
7. 支払決済機能
8. 銀行の銀行
9. 公開市場操作
10. 量的緩和政策
11. 日本版金融ビッグバン
12. 金融庁
13. ペイオフ

図表でチェック
1. 日本銀行
2. 家計
3. 企業
4. 証券市場
5. 中央
6. 預金
7. 生命
8. 公的
9. 引き締め
10. 緩和
11. 国債
12. 預金準備率

正誤判断でチェック
① ×　② ×　③ ×
④ ○　⑤ ×　⑥ ×

検討▶
① 管理通貨制度は金本位制の誤り。
② 直接金融にあたる。
③ 預金準備率の引き下げはインフレを悪化させる。金融緩和につながる政策である。
⑤ 自己資本比率規制は銀行、信用金庫、農業協同組合などが対象となる。
⑥ 元本1000万円までとその利子が保護される。

⟨p.74~75⟩
29 財政のしくみ

重要語句でチェック
1. 一般会計
2. 特別会計
3. 資源配分の調整
4. 所得の再分配
5. 景気（経済）の安定化
6. 租税法律主義
7. 直接税
8. 垂直的公平
9. 水平的公平
10. 逆進性
11. 特例（赤字）国債
12. 硬直化
13. 少子高齢化
14. 三位一体改革

図表でチェック
1. 所得税
2. 公債金
3. 消費税
4. 防衛
5. 国債
6. 社会保障
7. 引き上げる
8. 引き下げる
9. 減らす
10. 増やす
11. 間接税
12. 国税
13. 所得税
14. 消費税
15. 地方税

正誤判断でチェック
① ×　② ×　③ ×
④ ○　⑤ ×　⑥ ×
⑦ ×

検討▶
①② ともに引き上がるの誤り。
③ 累進課税制度が採用されている。
⑤ 所得水準の同じ人々には、同じ税負担を課すという考え。
⑥ 財投債は建設国債の誤り。
⑦ 基礎的財政収支は、国債収入を除く歳入額と、国債費を除く歳出額とのバランスのこと。

⟨p.76~77⟩
7章 定期テスト対策問題

1
(1)① キ　② カ
　③ ア　④ オ
　⑤ ク　⑥ エ
(2) 食料費
(3) A アウトソーシング
　 B コンプライアンス
　 C アカウンタビリティ
　 D 有限責任

検討▶
(1)② 貯蓄は現金、銀行預金や郵便貯金、国債や株式などの形で行われる。
　④ 経営者は、会社の利潤や規模の拡大を目標として、実際の経営にあたる。
(3)A ほかに、部品を海外で調達する意味で使われることがある。
　B 2006年、虚偽の有価証券報告書を提出したライブドアに対する強制捜査で株式市場が大混乱に陥り、コンプライアンスへの意識の高まりをもたらした。
　D 株主は自らの財産を負債の返済にあてる必要はない。ただし、出資額の全額をあきらめなければならない。

2
(1)① コ　② ケ
　③ キ　④ イ
　⑤ オ　⑥ エ
(2) ア
(3) 競争の不完全性
(4) 三面等価の原則

検討▶
(1)④ 総生産額から中間生産物を差し引いた額。海外で活動する企業が増えた結果、GNPに代わって、GDPが生産活動水準を測る指標となった。
　⑤ 減価償却費と、災害などの事故による損失を合計したもの。

⑥ 国民純生産は消費税などの間接税込みの市場価格で算出されるため，間接税の分を控除する。
(2) 供給曲線が右へ移動するということは，供給が増大するということを示す。企業が生産活動を行ううえで有利と考えられることがらが，この社会変化にあてはまる。
(3) 市場における健全な競争は，適正な価格と品質の向上をもたらす。

❸
(1)① ク
② ケ
③ オ
④ エ
⑤ ア
⑥ ウ
⑦ カ
⑧ キ
⑨ イ
(2) 金の保有量に関係なく，必要に応じて紙幣を発行することができる制度。
(3) イ
(4) 累進課税(制度)
(5) ウ
(6) エ

検討▶
(1)②③ 間接金融は金融機関を通じて，直接金融は資本市場を通じて資金が提供される。
④ 法人，個人，地方公共団体などが保有する通貨量の残高である。金融機関や政府が保有する預金は除く。
⑧ 日本の直接税の比率はアメリカより低く，ヨーロッパ諸国よりは高い。
(5) イ，エは日本銀行の金融政策。

8章 日本経済のあゆみ
〈p.78~79〉

30 経済復興から高度成長へ

重要語句でチェック
❶ 寄生地主制度
❷ 財閥
❸ 過度経済力集中排除法
❹ 農地改革
❺ 傾斜生産方式
❻ 復興金融金庫
❼ ドッジ・ライン
❽ 特需
❾ 高度経済成長
❿ 国民所得倍増計画
⓫ OECD
⓬ 規模の利益

図表でチェック
❶ 持株会社
❷ 小作人
❸ 労働組合法
❹ 補助金
❺ 課税　❻ 通貨
❼ 神武　❽ 岩戸
❾ いざなぎ

正誤判断でチェック
① ○　② ×　③ ×
④ ○　⑤ ×　⑥ ×

検討▶
② 308円は360円の誤り。308円に移行したのは，1971年のニクソン・ショック後のスミソニアン合意によるもの。
③ 安定恐慌からの脱却は，朝鮮戦争による特需を待たなければならなかった。また，赤字国債の発行は財政法で原則禁止されていた。
⑤ いざなぎ景気は1965~70年，日本列島改造論は1972年に田中内閣が発表した政策。
⑥ 軽工業から重化学工業へと変化した。

〈p.80~81〉

31 オイル・ショック後の日本経済

重要語句でチェック
❶ ニクソン・ショック（ドル・ショック）
❷ OPEC
❸ 石油危機
❹ 減量経営
❺ 知識集約型産業
❻ 安定成長
❼ 貿易摩擦
❽ 第2次石油危機
❾ 内需主導型経済
❿ 第三次産業
⓫ 産業構造の高度化
⓬ 経済のサービス化
⓭ 経済のソフト化
⓮ 日米構造協議

図表でチェック
❶ 第一次
❷ 第二次
❸ 第三次
❹ 摩擦
❺ 鉄鋼
❻ カラーテレビ
❼ 自動車
❽ 半導体
❾ 301
❿ 包括

正誤判断でチェック
① ×　② ○　③ ○
④ ○　⑤ ×　⑥ ○

検討▶
① 第1次石油危機の影響で，1974年に高度経済成長後初めてマイナス成長に陥った。
⑤ GATTウルグアイ・ラウンド(1994年)での合意による。ウルグアイ・ラウンドは，貿易の自由化を進めるため，1986年に始まった通商交渉である。

⟨p.82~83⟩

32 日本経済の現状

重要語句でチェック
1. プラザ合意
2. 円高不況
3. 平成景気
4. 資産効果
5. 平成不況
6. 不良債権
7. リストラクチャリング
8. 構造改革
9. 郵政民営化
10. 特殊法人改革
11. 世界金融危機
12. 東日本大震災

図表でチェック
1. 円高
2. バブル(平成)
3. 平成　　4. 公定歩合
5. 消費税
6. 北海道　　7. 山一
8. 金融再生
9. 量的緩和

正誤判断でチェック
① ×　② ×　③ ○
④ ×　⑤ ×

検討▶
① 高付加価値の商品を製造する知識集約的な生産方法へ転換した。
② 財政支出の拡大は、バブル崩壊後の平成不況で実施された。
④ 護送船団方式とは、最も遅い船に合わせて護衛することで、第二次世界大戦後の金融行政において行われた。バブル崩壊後、金融ビッグバンによって次第に解消された。
⑤ 消費者物価の下落に、実質所得の減少と消費の低下をともなうデフレスパイラルが現れはじめた。

⟨p.84~85⟩

8章 定期テスト対策問題

1
(1)① セ　② シ
　③ ケ　④ オ
　⑤ イ　⑥ ク
　⑦ ウ
(2) 傾斜生産方式
(3) A 規模の利益
　　B 資本

検討▶
(1)② インフレーションを終わらせ、日本経済を自立させるために打ち出された。
④ 復興金融金庫の原資調達のため、日本銀行が多額の復金債と国債を引き受けたことにより、インフレーションが激化した。
⑥ 朝鮮戦争の特需に基づく輸出額は、最盛期には輸出総額の約3分の2を占めるに至った。
(2) 特に鉄鋼・石炭の増産に力が入れられた。
(3) A 一方で、一定地域内で生産が集中的に行われることによって、経費を節約できることを、集積の利益という。
B 資本取引の自由化は、国際収支の黒字化とともに急速に進んでいった。

2
(1)① キ　② オ
　③ カ　④ ア
　⑤ コ　⑥ ウ
(2) スタグフレーション
(3) ウ
(4) A スーパー301条
　　B 輸出数量の自主規制を行った。

検討▶
(1)② 先進国においては、一次エネルギーに占める石油の割合が高くなっていたため、石油の供給危機が経済に大きな打撃をあたえた。
④ エネルギーの使用の合理化に関する法律(省エネ法)が制定され、どれだけ少ないエネルギーで事業活動ができたかが評価されるようになった。
⑥ レーガン政権下において「双子の赤字」が拡大した。財政赤字は1998年にいったん解消したが、ブッシュ政権で再発した。
(3) 研究開発集約産業の電子計算機、航空機、産業ロボットなど、高度組立産業の工作機械、工業生産住宅など、ファッション型産業の高級衣類、高級家具など、知識産業の情報処理サービス、コンサルティングなどがあてはまる。

3
(1)① オ　② エ
　③ ア　④ ウ
(2) 資産効果
(3) ウ
(4) 構造改革
(5) ウ

検討▶
(1)② 資金を貸し出した先が返済できないと、その貸し出した額が銀行の損失となる。
④ サブプライムローン(低所得者向けの住宅ローン)の延滞率が上昇し、住宅ローン専門会社の倒産が続いた。この影響を受け、アメリカの投資銀行であるリーマン・ブラザーズが破綻した。
(3) 貯蓄から消費へ向かわせようとした。このほか、銀行が日本銀行に預けている預金残高を増やすことを目的に、量的緩和政策がとられた。

9章 日本経済の課題
〈p.86~87〉

33 公害と環境保全

重要語句でチェック
1. 消費生活公害
2. 大気汚染
3. 足尾銅山鉱毒事件
4. 四大公害
5. 公害対策基本法
6. 環境庁
7. 汚染者負担の原則
8. 総量規制
9. 環境アセスメント
10. 環境基本法
11. 循環型社会形成推進基本法
12. 持続可能な発展
13. 京都議定書

図表でチェック
1. 水俣病
2. 有機水銀
3. イタイイタイ病
4. カドミウム
5. 新潟水俣病
6. 四日市ぜんそく
7. 硫黄
8. 酸性雨
9. 砂漠化
10. 地球
11. 人口
12. 生物
13. オゾン層
14. 産業

正誤判断でチェック
① ×　② ×　③ ○
④ ×

検討▶
① 三菱油化は昭和電工の誤り。
② 開発の事業者自らが調査、予測、評価を行う。
④ 赤外線は紫外線の誤り。

〈p.88~89〉

34 消費者問題

重要語句でチェック
1. 非対称性
2. 依存効果
3. デモンストレーション効果
4. 消費者主権
5. 消費者基本法
6. 製造物責任法
7. クーリングオフ制度
8. 消費者契約法
9. 食品安全基本法
10. 消費者庁
11. 消費生活協同組合
12. グリーンコンシューマー運動

図表でチェック
1. 安全　 2. 知らされる
3. 選択
4. 意見
5. 消費者保護基本法
6. 国民生活センター
7. 石油危機
8. 合成洗剤
9. 食品安全基本法

正誤判断でチェック
① ×　② ×　③ ×
④ ×　⑤ ○　⑥ ○

検討▶
① 消費者基本法の誤り。
② 特定商取引法の誤り。
③ 消費者契約法は2000年に制定。国民生活センターは、食中毒事件などをきっかけに、1970年に設立された。
④ 製造業者は、過失の有無にかかわらず損害を賠償する責任がある。
⑥ 利息制限法の上限金利と出資法の上限金利の間の金利をグレーゾーン金利といい、2006年、サラ金規制法の改正により廃止された。

〈p.90~91〉

35 農業・食料問題

重要語句でチェック
1. 高度化
2. 後継者
3. 耕作放棄地
4. 主業農家
5. 農地法
6. 農業基本法
7. 食糧管理制度
8. 減反政策
9. 新食糧法
10. 新農業基本法
11. 戸別所得補償制度
12. TPP

図表でチェック
1. 販売
2. 第一種
3. 第二種
4. 準主業
5. 副業的
6. 自主流通米
7. 牛肉
8. 関税
9. 法人
10. トレーサビリティ

正誤判断でチェック
① ×　② ○　③ ×
④ ○　⑤ ×　⑥ ×

検討▶
① 生産者米価と消費者米価が逆。
③ 第二種兼業農家の割合は高度経済成長期に急増し、1960年代に専業農家を上回った。
⑤ 減反政策は、現在も継続している。
⑥ 食糧管理法は米市場開放問題などを背景として廃止され、食糧法が制定された。

〈p.92~93〉

36 中小企業

重要語句でチェック
❶ 中小企業基本法
❷ 資本装備率
❸ 二重構造
❹ 系列企業
❺ 地場産業
❻ ベンチャー・ビジネス
❼ ニッチ(市場)
❽ 社会的企業
❾ 産業クラスター
❿ 会社法
⓫ 新興株式市場

図表でチェック
❶ 中小企業
❷ 従業者
❸ 大企業
❹ 家族
❺ 労働組合
❻ 下請け

正誤判断でチェック
① × ② ○ ③ ×
④ ○ ⑤ ○ ⑥ ○
⑦ ×

検討▶
① 中小企業基本法は1999年に改正され，「大企業との格差是正」から「多様で活力ある成長発展」へと基本理念が見直された。
③ 中小企業の企業数は全体の99％以上，従業者数は約3分の2を占める。一方で，出荷額は約半分にとどまる。また，電子商取引は中小企業にもメリットがある。
⑦ 電子商取引の広まりによって，ベンチャー企業として世界的な成功をおさめる中小企業も増えている。

〈p.94~95〉

37 雇用と労働問題

重要語句でチェック
❶ 契約自由の原則
❷ 労働組合
❸ 国際労働機関
❹ 団結権
❺ 労働基準法
❻ 労働組合法
❼ 総評 ❽ 連合
❾ 終身雇用制
❿ 非正規雇用者
⓫ フリーター
⓬ ワーキングプア
⓭ ワーク・ライフ・バランス

図表でチェック
❶ 8 ❷ 労働協約
❸ 不当労働行為
❹ 労働関係調整法
❺ 斡旋 ❻ 調停
❼ 仲裁 ❽ 最低賃金法
❾ 障害者雇用促進法
❿ 労働安全衛生法
⓫ 育児・介護休業法
⓬ 男女雇用機会均等法
⓭ 労働者派遣法
⓮ 労働審判法
⓯ 労働契約法

正誤判断でチェック
① × ② ○ ③ ×
④ × ⑤ × ⑥ ○
⑦ ○

検討▶
① 農民は労働者の誤り。
③ 育児・介護休業法の誤り。
④ パート・派遣を問わず，すべての労働者に適用される。
⑤ 年功序列型賃金は，労働成果とは無関係に勤続年数によって賃金が上昇するもの。現在は，労働の成果に対応する能力給が採用されてきている。

〈p.96~97〉

38 社会保障と国民福祉

重要語句でチェック
❶ エリザベス救貧法
❷ ワイマール憲法
❸ ベバリッジ報告
❹ フィラデルフィア宣言
❺ 公的扶助
❻ 社会保険
❼ 社会福祉
❽ 公衆衛生
❾ 積立方式
❿ 少子高齢化
⓫ 後期高齢者医療制度
⓬ 介護保険制度
⓭ バリアフリー
⓮ ノーマライゼーション

図表でチェック
❶ 医療
❷ 高齢者
❸ 年金
❹ 雇用
❺ 労災
❻ 生活保護
❼ 児童
❽ 環境
❾ 国民年金
❿ 厚生年金
⓫ 共済年金

正誤判断でチェック
① × ② × ③ ○
④ × ⑤ × ⑥ ○
⑦ ○

検討▶
① ドイツはイギリスの誤り。
② 自力で生活できない困窮者を救済する制度である。
④ 賦課方式に，積立方式を一部採用した修正積立方式となった。
⑤ 労災保険では，事業主が保険料を全額負担する。

本冊p.98～101の解答 | 21

〈p.98～99〉

9章 定期テスト対策問題

❶
(1)① ウ
   ② イ
   ③ カ
(2) エ
(3) 消費者の購買行動によって，市場での生産のあり方が最終的に決定されるとする考え方。
(4) 四日市ぜんそく

検討▶
(1)① 生産過程に起因する公害は産業公害，大都市への人口・産業の集中に起因する公害は都市公害，生活系のごみによる公害は消費生活公害という。
② 汚染者負担の原則（PPP）は，OECD（経済協力開発機構）が1972年に採択した「環境政策の国際経済的側面に関する指導原則」で示された。
(2) アは欠陥商品による被害の救済，イは環境に配慮した購入活動の推進，ウは消費者の生活の向上を目的とする。
(4) 水俣病，新潟水俣病，イタイイタイ病は，水質汚濁が原因。

❷
(1)① エ　② ア
(2) ウ→ア→エ→イ
(3) ウ
(4)A （経済の）二重構造
   B 中小企業基本法

検討▶
(1)① 農業従事者全体の平均年齢は，65歳をこえている。
(2) ウは1970年，アは1995年，エは1999年，イは2011年。
(3) 副業的農家が最多，主業農家と準主業農家がほぼ同数である。
(4)B 中小企業に関する施策と，国や地方公共団体の責務について定めている。

❸
(1)① イ　② カ
   ③ ア　④ キ
(2)A 8
   B 40
(3) イ
(4) 新規学卒者を同じ企業内で定年まで雇用する制度。

検討▶
(1)① 団結権，団体交渉権，団体行動権（争議権）の労働三権と，勤労の権利からなる。
③ 採用，配置，昇進などにおける性別による不利益な扱いを禁止した法律である。
(2) 業種，事業所の規模によっては，週44時間まで認められる。
(3) アは労働者どうしでの仕事の分け合い，ウは就業・就学の意志のない若者のこと。

❹
(1)① エ　② イ
   ③ オ　④ キ
   ⑤ ア
(2) ウ
(3) 介護保険
(4) デイサービス
(5) 後期高齢者医療制度

検討▶
(1)① 平均寿命は，2050年には男性80.95年，女性89.22年に達すると見込まれている。
③ 2018年現在，合計特殊出生率は1.42となっている。
(2) 高齢化社会は7％以上，高齢社会は14％以上，超高齢社会は21％以上で，現在の日本は超高齢社会の段階にある。
(4) このほかホームヘルパー（訪問介護），ショートステイ（療養介護）などのサービスがある。

10章 国際経済と日本
〈p.100～101〉

39 貿易と国際収支

❗ 重要語句でチェック
❶ リカード
❷ 自給自足経済
❸ 水平的分業
❹ 垂直的分業
❺ 自由貿易
❻ 保護貿易
❼ 経常収支
❽ 金融収支
❾ 外貨準備
❿ 為替相場
⓫ 公的介入
⓬ 円高
⓭ 円安

📊 図表でチェック
❶ 貿易・サービス収支
❷ 第一次所得収支
❸ 直接投資
❹ 証券投資
❺ 輸出
❻ 黒字
❼ 空洞
❽ 輸入

✏ 正誤判断でチェック
① ×　② ×　③ ×
④ ○　⑤ ×　⑥ ×
⑦ ○　⑧ ○

検討▶
① 国内産業の保護を目的とする保護貿易を行うべきと主張した。
② 日本のサービス収支は，赤字が拡大している。
③ そのような事実はない。
⑤ 自国通貨安は輸入品の価格を引き上げる要因となるため，物価上昇要因となる。
⑥ ドル高・円安についての説明。

⟨p.102~103⟩

40 国際経済体制の変化

❗ 重要語句でチェック
❶ IMF
❷ GATT
❸ 無差別最恵国待遇
❹ ニクソン・ショック（ドル・ショック）
❺ 変動為替相場制
❻ SDR
❼ 南北問題
❽ NIEO
❾ NIES
❿ 輸出志向工業化政策
⓫ プラザ合意
⓬ WTO

📈 図表でチェック
❶ 360
❷ ニクソン(ドル)
❸ スミソニアン
❹ 石油危機
❺ 多国間
❻ 知的
❼ ケネディ
❽ 東京
❾ ウルグアイ
❿ ドーハ

✅ 正誤判断でチェック
① ×　② ×　③ ○
④ ○　⑤ ×

検討▶
① 変動相場制と固定相場制が逆。
② SDRはユーロ，円，ドルなどの通貨バスケットから構成され，日々の為替相場をもとに変動する。
⑤ WTO(世界貿易機関)は，GATT(関税と貿易に関する一般協定)を前身とし，1995年にマラケシュ協定に基づき設立された。

⟨p.104~105⟩

41 グローバル化する世界経済

❗ 重要語句でチェック
❶ ボーダレス化
❷ グローバル化
❸ グローバル・スタンダード
❹ デリバティブ
❺ ヘッジファンド
❻ アジア通貨危機
❼ サブプライムローン
❽ リーマン・ショック
❾ ギリシャ
❿ グローバル・インバランス
⓫ 金融規制改革法
⓬ トービン税

📈 図表でチェック
❶ 2003
❷ 株式
❸ 日本
❹ ギリシャ
❺ ユーロ
❻ 連邦準備制度理事会

✅ 正誤判断でチェック
① ×　② ×　③ ○
④ ○　⑤ ×　⑥ ×

検討▶
① 日本では超高速売買システムを導入した最先端のデリバティブ市場が設置されている。
② ヘッジファンドは投資信託の一種。
⑤ 世界金融危機はサブプライムローン問題がきっかけ。ITバブルの崩壊は2000年のできごとである。
⑥ IMFの目的は為替の安定，為替制限の撤廃，外貨資金の供与の3つ。資本の自由な移動を禁止したことはない。

⟨p.106~107⟩

42 地域的経済統合

❗ 重要語句でチェック
❶ 地域主義　❷ EEC
❸ EC
❹ EU
❺ ユーロ
❻ ASEAN
❼ APEC　❽ NAFTA
❾ メルコスール(MERCOSUR)
❿ FTA　⓫ EPA
⓬ TPP

📈 図表でチェック
❶ ECSC
❷ EURATOM
❸ EFTA
❹ マーストリヒト
❺ リスボン　❻ インド
❼ マレーシア
❽ メキシコ
❾ ペルー　❿ チリ

✅ 正誤判断でチェック
① ○　② ○　③ ×
④ ×　⑤ ×　⑥ ×

検討▶
③ ユーロ圏の金融政策は，ECB(欧州中央銀行)および各国中央銀行からなるESCB(欧州中央銀行制度)を通じて，単一の金融政策として行われている。
④ ユーロは加盟国の経済の安定を目的として導入されたが，2013年現在，イギリス，デンマーク，スウェーデンなど未導入の加盟国もある。
⑤ NAFTAは1994年，メルコスールは1995年に発足。
⑥ FTAは，域内無関税・数量制限撤廃をめざす経済統合の初期段階のもの。投資や知的財産権に関する合意をふくむ協定はEPA(経済連携協定)。

⟨p.108~109⟩

43 新興国の台頭と経済協力

重要語句でチェック
1. 資源ナショナリズム
2. 南南問題
3. 輸入代替工業化政策
4. BRICs
5. 社会主義市場経済
6. 人民元
7. オフショアリング
8. 絶対的貧困
9. DAC
10. ODA
11. UNCTAD
12. 特恵関税
13. HDI
14. NGO

図表でチェック
1. ブラジル
2. ロシア
3. インド
4. 中国
5. IDA
6. OECD
7. プレビッシュ
8. NIEO

正誤判断でチェック
① × ② ○ ③ ○
④ ○ ⑤ × ⑥ ×
⑦ × ⑧ ×

検討▶
① 国連貿易開発会議は1961年に採択された「国連開発の10年」などを背景に,1964年に設立された。
⑤ 資金貸付である円借款が中心。
⑥ NIESは韓国,台湾など1970年代以降に工業化を成しとげた発展途上国。
⑦ BRICs間の自由貿易協定は存在していない(2012年現在)。
⑧ 人民元の切上げの誤り。

⟨p.110~111⟩

10章 定期テスト対策問題

1
(1) ① ウ ② カ
    ③ キ ④ ア
(2) A イ
    B ウ

検討▶
(1)② 逆に輸入が増えると,輸入代金はドルで支払われるため,日本企業は円をドルに交換する。この結果,円売りドル買いに傾く。
④ 海外の債券,株式などへ投資すること。1996年に自由化された。
(2)A 知的財産の価値が高まるにつれ,日本の特許料の収支は大幅な黒字へ転換していった。
B 対外純資産の増大にともない,日本の第一次所得収支は大幅な黒字が続いている。

2
(1) 金本位
(2) ブロック化(ブロック経済)
(3) GATT(関税と貿易に関する一般協定)
(4) イ→ウ→ア
(5) 高い関税をかけて国内産業を保護する輸入代替工業化政策から,輸出産業を育てて国際競争力を高める輸出志向工業化政策へ転換した。
(6) ウ

検討▶
(1) 世界恐慌のとき,金と紙幣の兌換に応じられなくなった銀行の多くが破綻した。
(2) 自国と友好国以外の国からの輸入品に対して,高い関税障壁を設けた。
(4) イは1971年,ウは1973年,アは1976年。

(5) 輸出志向工業化政策への転換により,経済成長の主要部門を工業製品輸出が担うこととなる。
(6) トービン税は世界金融危機後に導入が検討された金融取引税。

3
(1) ① ウ ② キ
    ③ ク ④ カ
    ⑤ エ ⑥ イ
(2) イ
(3) EPA

検討▶
(1)① ドイツ,フランス,イタリア,オランダ,ベルギー,ルクセンブルクが結成した。
④ 1967年のバンコク宣言によって結成された。
(2) 農業や漁業などの産業,通商の面で,共通政策を打ち立てた。
(3) FTAを軸にしながら,より幅広い分野において連携を強める。

4
(1) ① イ ② オ
    ③ ケ ④ ウ
    ⑤ キ ⑥ カ
(2) ウ
(3) エ

検討▶
(1)② Organization for Economic Cooperation and Development(経済協力開発機構)の略称。
⑥ 近年は,タイがインドシナ諸国への経済援助を行うなど,発展途上国の間での援助も進められている。
(2) 「双子の赤字」は,1980年代のレーガン政権下で問題となった,アメリカの財政赤字と経常収支赤字が同時に生じている状態。
(3) 後発発展途上国は,アフリカや南アジアに多い。ア・ウの国は鉱産資源の収入が蓄積されている。イの国は工業化に成功している。

B